座媽媽桑教的，
人就是吃這套！

前言

「真想結婚！」「要是他能向我求婚就好了！」「可是這種事情自己又無從開口……」「要是他能有這個意思不知道有多好。」

能夠實現妳這些願望的，正是這本『讓男人主動表示結婚意願的「絕頂妙招」』。

我於20歲時在銀座出道，30歲實現獨立的夢想，到現在我曾經以銀座第一名的酒店小姐（Hostess）、媽媽桑、餐飲店以及婚友社的社長身份與各式各樣的男人接觸。現在更是講授「SexualAcademy（性愛學）」來教授各種女性理想中美滿性愛的知識。

我從過去的這些經驗之中萃取「讓男人有結婚意願的絕頂妙招」並整理成這本書。怎樣才是男人會想要跟她結婚的女性？最後所選擇的女性跟僅止於戀愛對象的女性有何不同？怎樣才是能夠發展成婚姻的性愛？本書不但幫妳解答以上疑問，還毫無保留的傳授實現甜美婚姻的妙招，讓男人更想跟妳在一起，還想再次跟妳見面的銀座話術，以及淑女跟娼婦這兩種該如何分開使用的床上技巧。

讀過本書就可以深切了解到「不是乾等求婚就會來臨，而是要想辦法讓對方踏出這一步」。運用我所教授的絕頂妙招，讓妳可以用話語、動作、以及自己的身心來讓男人成為妳的俘虜。在開始實踐後的3個月內，或是見面後3個月就讓對方主動向妳求婚。

日本有句成語「坐上3年，石頭也不再冰冷」，用來形容等待與忍耐的好處，但我個人認為，如果「3個月」沒有任何成果，那轉到別處尋找下一個機會，不外乎也是一種手段。我本人也正是用這種方式來獲取商機。再怎麼說「花兒命短，把握美好春天的戀愛時機」。不論是已經有男朋友的人，還是將要尋找結婚對象的人，如果想要對方求婚，就應該嘗試各種方法。就算是今天才剛拿起這本書，也請不要浪費寶貴時間，從可以下手的部分馬上開始。相信從妳開始嘗試的那一瞬間起，變化就已經出現。不要膽怯，這是用妳的雙手抓住「讓他主動求婚」這個美夢的大好機會。比情敵更早一步學會這些絕頂妙招，讓他主動來向自己求婚吧。我將徹底幫妳準備好這結婚前的最後一步。

田邊まりこ

銀座媽媽桑教的，男人就是吃這套！

Part.2 讓男方主動求婚的絕頂話術

Part.3 讓男方主動求婚的絕頂姿態

Part.4 讓男方下決心結婚的絕頂床上技巧

Part.5 俘虜他的絕頂床上技巧

Part.6 成為他最終選擇的絕頂女性

Part.1

讓男方主動求婚的絕頂表現技巧

Gokujo Love Technique

結婚的戰國時代

身為一個銀座的媽媽桑，讓我有機會與各式各樣的男性接觸。從我的經驗中我可以斷言「好男人是先搶先贏」。請各位想想，若是有位男士工作能力強、個性溫柔、服飾裝扮又總是得體，周圍女性有可能會放著他不管嗎？特別是對每晚在銀座爭取第一名寶座的女性們來說，如何運用手腕讓這樣的「好男人」指名自己來捧自己的場，可得要各憑本事，不能慢吞吞的。夜晚的銀座，在那亮麗鮮艷的舞台背後，上演著訴說不盡的戲劇般情節。「不管用什麼手段都要讓你成為我的……」是這個地方理所當然的思考方式，是個就算失敗，也不會有人來安慰妳的嚴厲世界。

我認為同樣的思考方式，也適用於結婚上。現代社會有許許多多的女性都在嘆息著自己「總是沒有辦法結婚」，更何況「好男人總是情敵特別多」。拿起這本書的妳，如果現在有對象讓妳覺得「我想跟這個人結婚！」「我想當他的新娘子！」的話，那擇日不如撞日，空想不如結網，當下就得展開行動，讓他也抱持同樣的意願。就算現在沒有特定對象，但還是「有意想找如意郎君」的話，那也沒有時間去想「就憑我這樣怎麼可能……」或是「我長得又不夠漂亮……」這些負面性的思考。

在現代社會中，「結婚活動」（婚活）甚至已經成為一股潮流。眾多男女正以結婚為目標上演著生存遊戲，這與夜晚的銀座極為相似。世界，正處於結婚的戰國時代。要得到幸福美滿的婚姻露出勝利的微笑，還是以失敗告終流下悔恨的眼淚，全都在妳一念之間。

要怎樣才能成為勝利者？能讓他主動對我求婚嗎？相信我在銀座培養出來的各種一流技術，一定能夠幫妳解決這些疑問與不安。用心學習這些技巧，讓自己成為這個婚姻戰國時代中的勝利者。

成為他心中第一名的支持者

「我明明是以結婚為前提在交往，但他似乎沒有這個意願」「為何總是找不到有意願結婚的男朋友」要解決妳所擁有的這些煩惱，乍看起來相當困難。但只要用上銀座的絕頂技巧，讓男人產生結婚的意願並不困難。重點在於體諒與真心，必須是發自內心的真情，才有辦法打動別人的心。

話說回來，什麼是結婚後會有，而戀愛所沒有的呢？對於這個問題，不知道妳會怎麼回答。我個人認為是法律性的責任感。緊跟在結婚這兩個字後面隨之而來的，是比戀愛更進一步的責任。可是就以男性的觀點來看，這個責任卻是一種沉重的負荷。如果還是戀愛關係，一句「討厭的話，那就分手吧」可以解決的許多事情，等到結婚之後將不再是這麼簡單。不過是張白紙黑字的結婚証書，但只要是具備一般常識的人，會對它感到沉重也是理所當然。也或許因為如此，男方才很難做出求婚的動作。如果是這樣的話，那由妳來為他背負那肩膀上一半的重量如何呢？從這個壓力中解放之後，相信他也會比較容易踏出求婚這一步。

在我所經營的婚友社，男方所提出的條件之中最多的，是「當自己處於弱勢的時候，能夠成為自己支柱的女性」。在此隱藏著讓男人下定決心結婚的重大提示。我個人首先建議，由妳來成為他心目中第一名的支持者。有時用言語、有時用動作、有時在床上，療癒他、鼓勵他、給予他勇氣，用真心來向他表達「不論何時我都會站在你身邊」。這樣他也一定會覺得「我可以跟這位女性一起努力下去」。

讓妳勝過美女的絕頂妙招

別說是夜晚的銀座，就算是在一般社會上，美女也總是比較吃香。雖然有人說「看了三天美女也會膩」，但可千萬別當真。另外也不可以拿「用內在來一較高下」當作藉口，放棄修飾自己的外表。

在此重伸一次，「美女一定比較吃香」。這個現實用不著我一一說明，相信大家都已經有這種認知。比方說詢問喜歡的類型時，口頭雖然說「不會特別在意外表」，但心底真的是這樣想的嗎？實際上如果有人將外表完全不合妳意的對象介紹給妳，心底一定會覺得「怎麼抽到下下籤」。反過來如果對方是個帥哥呢？心底會不會覺得「我真幸運」呢？在首次見面的階段，外表對往後的發展具有很大的影響力。在男性的場合，這點更為彰顯。

不過就算如此，也完全不用因為「我一點都不漂亮……」而感到消沈。不是人長得漂亮就能百戰百勝，也並非只有美女才能結婚。仔細觀察一下周遭，有沒有長得並不漂亮，但「不知為何總是受男人歡迎」「在一起很可以讓人放鬆」的女性呢？這在銀座也是一樣，並不是人長得漂亮就能當上第一紅牌。比起外表，行為舉止更加重要。就算是被評論為超級美女的酒店小姐，光是坐在位置上給人觀賞，客人也不會滿意。別說3天、3小時，30分鐘就會讓人感到厭倦。

重要的是款待對方的心意。巧妙掌握現場的氣氛來採取行動、仔細觀察對方臉色說話，是非常重要的。不管再怎麼漂亮的酒店小姐，如果辦不到這點，也無法讓客人覺得「還想再見一面」。銀座許多人氣很旺的女性都稱不上是美女，但卻能讓男性覺得「跟妳在一起真快樂，我下次還想再來」。如果有時間煩惱自己長得不夠漂亮，不如把這些時間花在學習可以讓對方高興的各種頂尖技術上。這樣平凡的女性也可以勝過絕世的美女。

實現結婚夢想的戀愛戰略

想要讓夢寐以求的結婚夢想成真，必須要有恰當的戰略才行。「講什麼戰略，一點都不浪漫」「只要有愛情，哪還須要什麼戰略」如果妳抱持著這類的想法，那實在是太過天真，太過幼稚！男女之間爾虞我詐的心理戰，是這場競賽的基本。在過去的戀愛中，相信妳也有過切身的體驗才對。

而這些在夜晚的銀座，更是上演的如火如荼。客人之所以願意花大錢來到店內，當然是為了尋求自己想要的東西。比方說逗趣的對話、美酒與佳餚、穿戴美麗的女性，而這所有的一切，都是為了釀造出美好的時光所必備的東西。就算是同一等級，同一品牌的酒，也會因為飲用的地點跟對象的不同而有不一樣的味道。一個人坐在冷清又寒酸的房間內所喝的酒，跟在華麗空間內的舒適沙發上所喝的酒，味道怎麼可能一樣。正因為如此，客人才願意花上大把鈔票，尋求能把自己當作特別對象來看待的夢幻國度，而來到店內。在此所上演的男女拉鋸戰，又以被女性用甜言蜜語捧得高高在上，最能夠發揮絕大的效果，成為讓男性滿足的調味料。酒店的營業人員會絞盡腦汁，來提高這個調味料的品質。再怎麼說，銀座的夜店五花八門且比比皆是，一家店如果總是跟其他店家做一樣的事情，馬上就會倒店了。若是想用獨自的款待方式緊緊抓住顧客的心，就必須要有明確的願景，仔細規劃經營戰略。

夜晚銀座華美亮麗的夢幻空間給人的印象，跟經營戰略還有發展願景這些字眼或許很難接軌，可是日本浦安市的夢幻主題樂園，也是在綿密的商業戰略下才能成功，這是眾所皆知的事實。在此將結婚代入，是否有讓人比較容易進行聯想呢？想要達成目標，就不可以沒有戰略。

不讓獵物逃走的訣竅

那麼，讓我們開始具體性的說明掌握男人的絕頂妙招。妳是否也正覺得「別再吊人味口，快點告訴我！」呢？我當然不是故意要吊人的味口。

想要行動，必須先有明確的目標，然後計劃好具體的對策，這才是聰明的作法。漫無目的像是無頭蒼蠅一般到處亂飛，也只是徒然耗費自己的體力與精神。

在此，我們將想要讓對方主動求婚的妳，比做非洲大草原上追殺獵物的母獅（喔！抱歉，沒有任何侵犯的意思，只是比喻的迫切一點，成功的機率會比較高。況且在獅群中，狩獵主要都由女性來擔任）。如果一邊散發出「你是我的獵物」的氣勢一邊逼近對方（他），那馬上就會被逃走。因此不管內心再怎麼覺得「我真的很愛你，請跟我結婚！」，也得不動聲色的裝出若無其事的樣子。這正是絕頂妙招的重點。在不被對方察覺的狀態下接近，等對方發現的時候一切已經太晚，這才是絕頂女性所該施展的妙招。

要抓住獵物，必須理解對方的生態。成為獵殺對象的斑馬會在什麼時候聚集在哪個地點，要從哪個方向追趕才能成功捕捉，仔細研究對象的心理與行動模式，才能順利完成狩獵。請將這些事項套用到他的身上來思考。妳看，有沒有在腦中漸漸浮現清楚的影像呢？既然我們想要得到男性的求婚，那當然得先理解男人的心理。

在此讓我再來確認一次。妳的目的是什麼？沒錯，讓他向妳求婚。但妳可知道要達到這個目標，有著意想不到的捷徑存在嗎？答案，就在下一頁……。

Part.1

讓男方主動求婚的捷徑

馬上讓我們來看上一頁的解答。讓他主動向妳求婚的捷徑，就是改變自己。讓自己成為讓他不知不覺脫口說出「請跟我結婚」的女性。或許妳會覺得「什麼嘛，就只是這樣嗎？」，但其實很多女性都沒有察覺到這一點。

要改變一個人，必須耗費莫大的能量。改變自己當然也須要能量，但遠比改變別人要來得簡單。撇開其他不談，自己完全都不努力只希望對方「能夠為自己改變」，未免也想的太美了。

過去，我經營過婚友社，讓我很驚訝的，正是有非常多的人有著如此天真的想法。完全不去注意自己的化妝跟服飾，卻對男方開出「英俊、有錢、會煮菜、不束縛自己」的條件。

另外也有許多人是「大家都說我很漂亮，我也相當受到男人歡迎，但周遭的男人總是等級太低，配不上我」像這樣擺出高高在上的姿態。對於這種人，我也無話可說。在對別人提出要求前，也得捫心自問，自己是否有資格提出這些要求。

頂尖的女性，會有效率的切換思考方式，來避免無謂的努力。常常會在女性雜誌中看到以「戀愛跟婚姻是兩碼事」為主題的記事，其實這對男性來說也是一樣。或著該說，男性比女性更是如此。男性心中的真正的想法是「帶去參加晚會的女性，只要年輕漂亮即可，但若是要娶來當老婆，光這樣可不行」。開始考慮到是否要結婚時，女性在男性眼中就不再是戀愛對象，而是會被當成終身的伴侶來鑑定。另外還會以是否適合為自己育兒生子的觀點來進行審查。因此要反過來成為對方所希望的女性。只要這樣，得到對方求婚的機率就會大幅提升。

磨練自我演出的能力

我之所以能成為銀座第一名的酒店小姐，理由之一，是我不斷磨練自我演出的能力。當時的我，將店內當作以自己為主角的舞台。一邊讓自己以為自己是閃亮的大明星，一邊走進店內。越是用這種感覺工作，我的營業額就越好。成績帶來自信，自信提升能力，使我可以提供更為優質的表演，依照客人喜好演出各種情境，分別扮演淑女跟惡女，而我自己也很樂在其中。當然，直到付出的努力開花結果之前，有著道不完的辛酸，但就連這些辛苦，我都當作是戲碼的一部分，徹徹底底讓自己成為演員。

像這樣子「隨著對方的喜好改變自己，徹底扮演這個角色」並不只是在銀座有用，也是在這個結婚的戰國時代中取得勝利的有效戰略。而如果能樂在其中的話，則可以確實提升表演品質。這並不是勉強自己來迎合對方，而是為了自己的幸福，打從心底樂於創造新自我。在此，最重要的是能樂在其中。某個來為我捧場的著名醫師曾經說過，越是幸福的女性越是美麗。感受到「快樂」「高興」這些感情時，腦內會分泌快感物質，讓女性荷爾蒙調整到平衡狀態，使肌膚光滑水嫩有彈性。這正是一般所說的「戀愛會讓女性變得更加美麗」。更進一步的，似乎還可以透過自我暗示來讓腦部陷入錯覺，光是喊出「我很快樂」就可以分泌快感物質。

扮演他所喜愛的女性又可以讓自己變美，這麼好的方法哪有不去嘗試的道理。更何況還可以讓他向自己求婚，還有什麼好猶豫的呢?「為了能跟最愛的他結婚，女演員我也願意當」沒有如此的氣概，又怎能贏得心愛的他!?

徹底研究對方

到此為止，我們不斷重複「成為他所喜歡的女性」與「磨練自我演出的能力」。恐怕會有人覺得「為什麼只有我不得不作出努力」「就不能自己維持不變，讓他來迎合我嗎？」。對於擁有著這些想法的各位，我必須反問「該不會妳一路下來，一直都抱持著這樣的想法吧？」「難道妳想讓心愛的他一個人辛苦，自己獨自享受嗎？」如果是這樣的話，請妳回到第一頁，重新再詳讀一次。

如果這裡是銀座的話，負責人會直接跟妳說「妳明天不用再來了，祝妳好運」故事也到此結束。不過既然妳都已經買了我的書來為我捧場，我由衷希望妳能夠獲得幸福。也正因為如此，我必須用嚴肅的語氣告訴妳。「如果跟過去一樣的話，那將來也不會有所改變」妳應該是「對現狀有所不滿，想讓心愛的他向妳求婚」才拿起這本書的不是嗎？那麼，現在正是妳開拓出美好未來的機會。就當作一切都是為了自己的幸福，試著站在他的立場來為他設想看看吧。他所喜歡的服飾是什麼？他的特技呢？喜歡的食物呢？只要是他喜歡的東西，全都徹底進行研究，仔細觀察，試著讓自己用他方式來思考。

銀座時代的我，可是連FBI的心理分析師跟占卜師都會嚇一跳的「為什麼妳能對我的心情瞭若指掌？」，只要將棋盤反轉過來思考，這其實非常簡單。讓自己跟對方同化，站在對方的位置，那麼對方在想什麼，想要什麼東西，自然而然就會浮現在腦中。

捨棄自己的主觀與成見，將「如果是他會怎麼想」擺在第一順位。「想要給對方最好的款待，就得將對方擺在自己上面」，這是掌握住男性的絕頂妙招的基本。

男人的心最容易被「落差」所勾動

妳是否曾經被人說過「如果我是男的，一定跟妳結婚」或是「如果妳是男的不知道該有多好」。這些雖然都是誇讚人性的話語，但對想要結婚的女孩來說，沒什麼比這更沒意義的了。這跟不受女性青睞的男性被人說「雖然人很好，但沒有想要交往的感覺」相當類似。「人性」當然是一個人非常重要的價值所在之一。但如果是共渡一生的對象，那很遺憾的，包裝漂亮的商品絕對比較有銷路。將人比作商品，或多或少給人不愉快的感覺，但這在銀座可是理所當然。酒店小姐的目標就是成為一家店的當紅招牌，外表當然也是重要的行銷重點。得千萬認清楚這一點。

話說回來，包裝好壞跟長得漂不漂亮，完全是兩回事。也就是說，不論一個女孩外表如何，都可以透過包裝來展現高貴典雅的感覺。漂不漂亮屬於其次，甚至可以說是排在第3、第4後面也沒問題。反而是美女大多會被自尊心所束縛，就這點來看，平凡的女生反而比較有利。況且美女總是被當作美女來看待，就算打扮漂亮，大家也會覺得「反正她本來就很漂亮」。但如果平凡不起眼的女性稍微打扮一下，男性就會覺得「哦！原來妳也很可愛嘛」使她的評價急速上升。雖然這其實只是一種錯覺，但男性對於這種「落差感」，其實很沒有抵抗力。很容易就形成「跟平常不一樣」→「感覺好像不錯」→「讓人相當在意」→「說不定我其實喜歡她」的模式。

如果想讓看中的他對妳臉紅心跳，用跟平常不同的化妝與打扮展開攻勢，也是一種方法。另外這對長期交往，陷入倦怠期的情侶來說也是有效的刺激。將眼鏡換成隱形眼鏡，或是反過來戴上眼鏡。不論是盛裝還是將裝扮簡素化，跟平時不同的包裝戰略就如同新上架的商品一樣，是勾動男性心理極為有效的方法。

研究會讓男人想要結婚的外表（1）

不論再怎麼修飾自己的外表，如果不能讓對方了解哪裡出現什麼樣的變化，那也沒有任何意義。另外，就算努力改變自己，如果跟他的期望相差太遠，則一樣沒有任何意義。重點是，必須把目標放在他看了會「想要結婚」的外表。如果在此判斷錯誤，一切努力都將白費。一流的女性不會放棄努力，但絕對不作無謂的努力。既然要努力，就必須確定努力是可以有回報的。

那麼，相信妳會問「怎樣才是會讓他想要結婚的外表呢？」很遺憾的，這個問題並沒有標準答案存在。因為我完全不知道你所鍾愛的他，有著什麼樣的喜好。我所能提供的意見，是一般來說會讓男性願意選擇成為終身伴侶的服飾、化妝、以及風格。雖然這不是每個人一定都會喜歡，但其中還是有著基本中的基本「這些絕對不可忘記」

的規則。那就是「能讓他能聯想到理想中的母親模樣」。在此千萬不能搞混，是他理想中的母親典範，而不是他本人的母親。

男性在想到結婚時，首先會想像的不是自己新娘應有的樣子，而是自己家庭中母親的女性形象。就如同妳會去想「如果跟他結婚的話，能夠建設什麼樣的家庭」一般，他當然也會想著「如果跟她結婚的話……」。所以在此必須重新審查自己的化妝跟服飾，看看身為人妻跟母親是否恰當。必須完全撇開自身的喜好與風格，以他的理想為第一優先。然後檢查在婚後的各種場面中是否合適。服飾與化妝並不是只為了自己而存在，必須要能對應不同的時間、場合、及地點來進行裝扮，才是成熟女性的常識。

研究會讓男人想要結婚的外表（2）

那麼，讓我們更詳細的討論一下，什麼是能夠讓他想要結婚的外表。就算已經理解他的喜好，也不能搞混必須前進的路線，那就是「為人妻母的妳」而不是「身為女朋友的妳」。男人口頭上雖然會說「我最喜歡現在的妳」但心底還是會覺得「自己的母親千萬不要穿著低到可以看見胸部的細肩帶背心跟低到可以看到內褲的牛仔褲來參加家長會」。不只是男性會這樣覺得，只要是具備常識的大人都是這樣想的。

在此請容許我問個問題。講到銀座的媽媽桑，妳所聯想到的是什麼樣的服飾呢？是日本和服嗎？對一般社會來說，銀座媽媽桑＝和服的概念已經根深柢固。夜晚的銀座賣給客人的商品是美夢般的時光，因此也不可以違背客人所抱持的印象。外表也是討生活的道具之一，注重服飾打扮跟化妝可是理所當然。對於想在結婚的戰國時代中贏得勝利的妳來說，外表形象戰略的必要性，可說是一樣的重要。請將外貌也當成是戰略的一部分吧！

在此回想一下我們到目前為止所討論過的幾個重點，應該就可以知道容易被選為當做結婚對象來看待的外表，絕對不是閃亮搶眼的辣妹型，也不是輕鬆休閒的中性裝扮，而是良家淑女，所謂的千金小姐。在此感到「千金小姐……」而說不出話來的妳，沒有必要消沉。反而是為此感到失落的人，才正是有機會的人。不要忘了，男人的心最容易被落差變化所勾動。就如同銀座時代的我一樣，一起成為演員，享受扮演千金小姐的感覺吧！就算他說「千金小姐一點都不是我喜歡的類型」也值得試一次看看。看到跟平時不一樣的妳，說不定光是這樣就能打動他的心。

與其煩惱，不如小整形

為了天生的外表而煩惱，只是在浪費自己的時間而已。到此為止不斷重申外表的重要性卻還這樣講，或許會讓妳感到迷惑。可是只要稍微思考一下，就能了解我這句話的意思。

外表當然很重要。外表要是能變得比現在更好，包含他在內的周圍所有人，對妳的態度一定都會改變。因此千萬要持續努力來讓自己變得更美，絕不放棄。我的意思是，如果妳對自己的外表感到不滿，而為此煩惱的話，那就太浪費時間了。不要因為「自己不是美女」而去煩惱。從銀座時代至婚友社時期累積而來的經驗來看，我可以斬釘截鐵的告訴妳，美女不一定就在結婚方面佔有較大的優勢。從以前就說「女人重要的是柔媚」。跟冰山美人相比，外表雖然平凡，不過在一起可以放鬆心情、談天說地、開朗且樂觀的女性才會有人氣。最不受歡迎的，是老是抱持著「反正像我這種人……」的想法，只會貶低自己而不做出任何努力的類型。相信妳也不會想跟一個想法悲觀只懂得自責又不改進的人結婚吧。

我個人認為五官的比例跟眉毛、牙齒這種程度的修正，就現代來說並不是什麼煩惱。我覺得小小整形一下「又有何妨？」。真正要不得的是，將時間浪費在煩惱自己是美還是醜上面。隨著年齡的增加，再怎麼美的女性也逃不開皺紋跟斑點。曼妙的曲線也會漸漸走樣。既然如此，趁自己還年輕貌美的時候分出勝負，不是比較聰明的作法嗎？

一但決定要小整個形，那一切都不用多說。緊緊閉上嘴巴，別讓周遭的任何人知道。當然也包含他在內。務必記得，能夠信任的只有自己一個人而已。這是在銀座時期，目睹男男女女之間無數背叛的我，所要給妳的忠告。

強調自己擁有適合結婚的金錢概念

經濟能力，是建立家庭不可缺少的重要條件之一，就算是收入穩定的男人，有時也很難下定決心步入婚姻。造成這個現象的主因，是與伴侶之間金錢觀念的落差。常常有人找我商量說「她是位非常有魅力的女性，但若是想到要一起生活，就會讓我感到不安」。其中有一位開診所的醫師說「她身上穿戴的全都是名牌的高級貨，每次出外用餐也要去美食雜誌所介紹的高級餐廳，讓我很難把她當作未來的結婚對象看待」。他也說「我覺得這類女性所愛的只是我的收入跟地位」。另外還有許多「我希望一生的伴侶能有穩健的金錢觀」這類型的意見。或許妳會覺得「那乾脆不要交往嘛」，結果他們回答的答案是「如果是不結婚的女友，那還算可以接受」。擁有這種想法的男性能不能建立美滿的婚姻生活，這個疑問我們先擺在一旁，問題是這些想法應該是男人心底的真心話沒錯。

我在銀座時期的經驗告訴我，越是收入高的男性，就越會有這種割捨玩玩的女友只跟能成為終生伴侶的女性交往的想法。越是有錢，心中「妳該不會是看上我的錢吧」的警戒心就越強也說不定。

另外，在這個景氣不好的時代，許多對收入感到不安的男性更是對結婚感到膽怯。如果妳的他覺得「若是有能力扶養家庭，那我就要結婚」的話，就代表機會到來。沒錯，再怎麼說妳都是他第一名的支持者。比方說如果總是外食的話，可以偶爾用低預算煮一頓飯給他看，或是為他準備便當，展現自己勤儉持家的一面與穩重的金錢觀。像這樣將危機化為轉機，才算是頂尖的女性。

抓住他的胃！

夜晚的銀座，有著「要掌握男人的心，必須抓住兩個袋子」這條定律。這兩個袋子一個是胃，另一個則是在男人下半身兩腿之間。掌握下半身的方法讓我們到Ｐａｒｔ３、Ｐａｒｔ４再來說明，在此先來看如何抓住第一個袋子，也就是胃。

男性在婚姻生活中最重視的，莫過於飲食生活。講極端一點，越是空著肚子的男性就越容易被攻佔，這一點都不誇張。吃到美味的料理時，任誰都會感到幸福。可是絕對不能刻意擺出一付「看我煮得菜有多好吃」的樣子。毫不經意的展現料理手腕，才是最有效的方法。比方說圈子內的朋友大家一起出外烤肉。此時千萬別多管閒事的說出「我很會料理，交給我吧！」。這只會讓周圍的同性對妳產生反感。相信我，沒什麼比同性的妒嫉更為棘手。不光是料理，想要給人好印象的時候得時時注意不可」是

「炫耀」而必須是「不經意的」。要是能再加上「意外性」的話，那就是自我推銷度一百分！比方說女演員柴崎幸，與其外表不相符的非常喜歡料理（這樣講很沒禮貌就是了），甚至厲害到招待工作人員吃她親手作的年菜。這種落差感正是虜獲男性心理的王牌，非常值得參考。

那麼，如果不擅長料理不就完全沒有希望了嗎？當然不是。如果不擅長料理，就為了心愛的他前往烹飪教室學習吧。這種努力是讓妳發光發熱的能量，成為吸引他的魅力。另外，就算是買現成的配菜回來，也別忘了花點心思在擺設上面，盡可能地款待對方的心意，比什麼都來得重要。

Colum 1

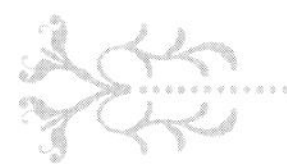

不擅長料理也沒關係！

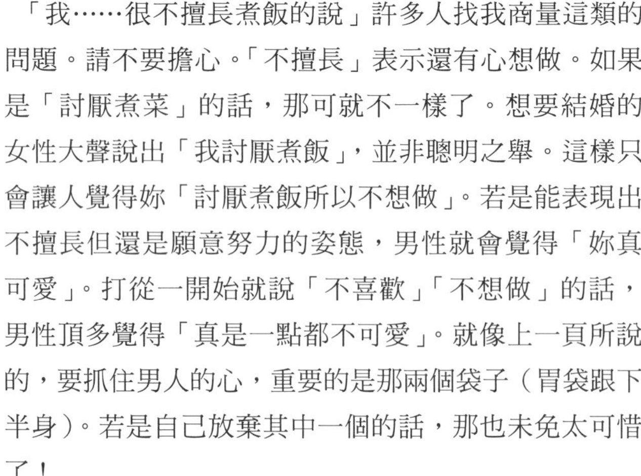

「我……很不擅長煮飯的說」許多人找我商量這類的問題。請不要擔心。「不擅長」表示還有心想做。如果是「討厭煮菜」的話，那可就不一樣了。想要結婚的女性大聲說出「我討厭煮飯」，並非聰明之舉。這樣只會讓人覺得妳「討厭煮飯所以不想做」。若是能表現出不擅長但還是願意努力的姿態，男性就會覺得「妳真可愛」。打從一開始就說「不喜歡」「不想做」的話，男性頂多覺得「真是一點都不可愛」。就像上一頁所說的，要抓住男人的心，重要的是那兩個袋子（胃袋跟下半身）。若是自己放棄其中一個的話，那也未免太可惜了！

如果真的對自己的料理沒有自信的話，買現成的配菜，然後下功夫裝飾也是一種方法。有沒有這道程序，代表著妳對他有沒有用心。「不過是擺好看一點」但有跟沒有還是會有落差。一道料理外觀的重要性，相信輪不到我在此說明。生菜、香菜、小蕃茄、檸檬是冰箱內最好隨時都要有的備料，增添這些紅、黃、綠的色彩，大部分的料理看起來都會格外的可口。請試著到便利商店實際買些現成的配菜來試看看。直接整包倒在盤子上，還有先鋪一些生菜墊在下面，然後在周圍放些香菜與切片的蕃茄、檸檬，相信一眼就可以分出哪邊看起來比較可口。

Part.2

讓男方主動求婚的絕頂話術

Gokujo Love Technique

「YES話術」是銀座的守則

在商業性交涉跟話術中「YES話術」指的是用可以讓對方說出「YES」的話題來與對方交談，我在此所介紹的銀座「YES話術」，是不管對方問什麼、約妳去做什麼、甚至指責妳什麼，全都用「YES」來回答的話術。只要學會這項技術，就可以在回絕對方時避免給予負面印象，也可以向對方撒嬌來要對方買東西。

那麼，讓我們稍微來練習一下。

經過幾次約會，跟妳感覺越來越親密的他跟妳說「下次休假時，我希望可以到妳的房間」。可是很遺憾的，妳的房間非常凌亂，在週末之前根本不可能收拾乾淨。此時妳該用什麼樣的方式來回絕他呢？

×＝不行啦。最近工作好忙都沒有時間整理。下個月應該會比較有空，可以到時候再來嗎？

○＝你願意來我家？好高興喔！啊，可是這個週末已經有高中同學說好要來玩了。她們很難得從別的縣市上來，沒辦法改時間……不過下次我一定主動招待你來！

就如同○所顯示的，不管在什麼情況下，總之先答應、同意對方是最基本的原則。同樣是拒絕對方，如果像×一樣一開始就直接表示「No」的意思，會讓對方感到強烈的拒絕感，很難連接到下一次機會。另外，老實說出「房間很亂」也是不行的。這很有可能會讓自己從他的新娘候補名單中被除名。

大多數的男人都喜歡居家型的女性。因此沒有必要特地強調自己不擅長做家事。為了讓事情順利發展，一點沒有惡意的小謊也是必要的。與其正面丟一句「No」給對方，不如先回答「Yes」，如果這樣可以保護兩人的關係減少磨擦，那也是一種體貼。

用肯定來獲得好印象

在Part1一開始我們說過結婚也須要戰略，明確的願景非常重要。將本書拿在手中的妳，應該已經擁有結婚這個明確的願景。光是這樣就已經足以讓妳擁有可以在這個結婚戰國時代中贏得勝利的才能了，一切都不會有問題，請提起自信往前邁進！

剛才我對妳用了「沒有問題」跟「提起自信」這兩個字眼，請問這讓妳得到什麼印象呢？是否覺得「原來沒有問題啊」「就是啊，我應該有自信才對」而鬆了一口氣呢？剛才所介紹的「YES話術」也是一樣，人總是喜歡被肯定而不是被否定。跟許多客人還有店裡的女孩接觸，讓我覺得這點千真萬確。

比方有客人跟妳說「先前新開的義大利餐廳似乎評價不錯，找時間一起去好嗎」。

當紅的招牌小姐＝「真的嗎？我真高興。周圍的人都有在討論那家餐廳呢，我也正想找時間去。原來你也知道啊，真厲害！那找個時間一起去吧」

功夫還不到家的小姐＝「啊，我知道那家店，之前跟朋友一起去過，結果普普通通。真不知道為什麼會那麼受歡迎……」

感覺如何？雖然只是短短一句話，有「我真高興」這個肯定的字眼，跟「普普通通」這個否定的字眼，印象就差很多對吧。跟老是用「不行」「討厭」「為什麼？」這些否定性說法的人相比，將「沒問題」「好棒」「就是啊」掛在嘴上的人，才能給人肯定性的安心感，進而成為好印象。任誰都不想跟一個說話總是使用否定性措詞的女性在一起。相信一般男性都會覺得「婚後如果都是這種感覺的話真累」。如果妳說話總是跟功夫還不到家的小姐一樣，那就得多多注意了。不過別擔心。發現問題的所在，是通往成功的第一步。

用幽默將負面轉成正面

「笑起來相當迷人的女性」「總是會用笑容鼓勵他人的女性」這兩者在我過去所經營的婚友社，是問卷調查中男性最想結婚對象的必備條件的前幾名。能否讓家庭有明亮快樂的氣氛，全都得看女性的手腕，這樣講一點也不為過。比起陰沈又冷漠的女性，開朗又給人溫暖感覺的女性，才是新娘的最佳人選。

不論是男性還是女性，具有幽默感的人總是特別引人矚目。他們不但會給周圍帶來明亮的感覺，更重要的是，在一起會很快樂。在銀座也是一樣，聊天時給人感覺特別愉快的女性，人氣都非常地高。光只是用外表來取勝的女性，一但有長得更漂亮的女性出現，人氣難免要下降，但有幽默感又擅長與人交談的女性，其人氣便可以長久維持下去。

磨練自己的幽默感，還可以憑一句話將弱點用笑聲帶過。

比方說胸部小，這對女性來說絕對不是值得高興的事情。有時甚至還會對此感到自卑，但只要用下面這一句話，就可以讓這個缺點變成幽默的笑話。

「我的胸部是遺傳到我爸嘛～」

刻意將最後的語氣拉長，並充滿朝氣的說出，可以為周圍帶來開朗的氣氛。這也是一種款待的方式。不論是誰，都會有一兩個感到自卑的缺點。如果能像這樣轉換成幽默的笑話，對方的心情一定也能頓時輕鬆起來。這同時還可以拉低自己身段，抬高對方身份，是進行款待時應有的心態。

能夠做到這幾點的女性，在一起時會讓人心情輕鬆愉快，給人安穩的感覺。給他「要是能跟這樣的女性結婚，一定會很快樂」「跟她在一起想必能建立開朗明亮的家庭」的印象，成為他心目中能一直喜歡下去的女性吧。

一句「你真厲害」超級有效

不論是誰，被誇獎總是會高興。如果有人跟妳說「妳真美麗」「跟妳在一起真好」相信妳應該也會感到高興。另外「妳今天穿的鞋子真可愛」等等，誇獎身上衣物的言詞給人的感覺應該也不壞。誇獎別人，被別人誇讚，可以很自然的讓我們的心情放鬆下來，使得人際關係圓融。在銀座，誇獎對方跟「ＹＥＳ話術」同樣屬於基本中的基本，是常常被拿來使用的技術。特別是男性，他們喜歡被人誇讚的程度，讓我斷定他們是「為了被誇讚而活著的生物」。所以我們當然得好好利用這個習性。

能討男性歡心的誇獎方式有許多種類，之中又以「你真厲害～」的效果最好。不論什麼場合都能使用，只要被人說「你真厲害」男性都會露出靦腆害羞的笑容。這句話不分公私，能應用在各種會話之中，可說是極為方便。

比方說像以下這樣的用法。

「最近真忙，每天半夜才回到家」「你真厲害～」

「這個週末部長約我去打高爾夫說」「你真厲害～」

「我買了新的電腦」「你真厲害～」

用文字排列出來多少會惹人失笑，但請務必試看看。對於它所擁有的絕佳效果，相信妳也會覺得「真厲害～」。雖然不能公開講出來，但男性其實是很老實（單純？）的生物。店內的女孩之中也發展出這句話的許多變化型（比方說「你真～～～厲害」將中間的語氣拉長，或是簡短並加強語氣的「你真厲害！」），甚至還有人可以光靠這一句就與對方對話。

附帶一提，京都的藝妓跟舞妓則是用「您真是優秀」來誇讚對方。看來不論是關東還是關西，男性的弱點都是一樣。

「第一次」的威力

「第一次」也是能讓男性感到非常高興的字眼，它跟「你真厲害～」擁有同等的效果。說起來還真是很不可思議，為什麼說個「我是第一次」就能讓男人高興成這樣呢？我個人認為，這或許反應出男人對於處女所抱持的憧憬也說不定。另外或許也跟喜歡成為第一的習性有關。比方說，男性喜歡在剛堆積的新雪上毫無意義的留下自己足跡，並且還樂在其中，這可能與第一個在雪白畫布寫下第一筆的快感類似也說不定。就心理性觀點來看，跟「將對方染上自己顏色的快感」有著共通點。

那麼，撇開我個人的分析不談，「第一次」這個詞除了可以在各種時間跟場合使用，它還可以跟其他單字組合，產生無限的可能性，是個非常方便的字眼。特別是在約會時，可以發揮極佳的效果。

看電影→「我第一次看電影笑成這樣呢～」

用餐時→「這是我第一次覺得這麼好吃」

道別時→「我第一次跟別人在一起過得這麼快樂……」

如果發展成更加親密的關係，還可以在床上改成各種類型來使用。

「我第一次被人這樣」「我第一次有這種感覺」光這樣講，男性就會覺得「這樣啊，我是妳的第一次啊」而產生感動。就算成為極為親密的關係後「真厲害～我第一次這樣子……」像這樣跟「你真厲害～」組合，就會成為最棒的讚美，讓對方高興到昏頭轉向。在一般的場合，男人都會懷疑自己是不是真的是第一個？妳該不會老是這樣講吧？但高興到昏頭的男性不會問這種事情。就算真的被問這些問題，只要說「才沒有那種事，你真的是第一個啦」就萬事ＯＫ。不過，對人讚美時可千萬不能忘記，要出自內心。要打從心底表達出感謝的心情，才能確實讓對方感受到。

不論何時都別忘了說「謝謝」

「謝謝你」可以直接了當的表達感謝的心情，沒有比這更合適的字眼，可以讓對方知道自己心存感激。妳今天說了幾次「謝謝」呢？不管是再怎麼瑣碎的事情，都要當場說出「謝謝你」來表達自己感謝，將心情傳遞給對方知道。

確實用言語表達給對方知道，是與男性相處時特別重要的一點。常常聽到有男性抱怨「結婚後完全都不會說謝謝」。男性喜歡被人讚美，同時也喜歡被人感謝，被人依賴。不管心中再怎麼感謝，如果不說出來的話很難讓對方知道。比方說在約會時一起吃飯。就算不知不覺之間由他付錢變得理所當然，好好說出「謝謝你的招待，總是給你請真不好意思」就能讓他的喜悅倍增。

「善有善報」，只要出手幫忙，這個果報總有一天一定會回到自己身上。要是自己都不願意說出感謝的心情，周圍對妳所表達的感謝自然也會減少。這樣不是很寂寞嗎？日常生活中有著許多雖然是理所當然，但確值得感謝的事情。如果只把這事情當作習慣，沒有一一去感謝而渡過每一天，那實在是非常的遺憾。因為有這麼多機會可以給人喜悅，妳卻沒有去活用它。

如果希望他能更喜歡妳，那就該思考如何才能讓他高興，並實際採取行動。而在感到高興時說出「我真高興」，快樂時說出「我真快樂」，並老實的將感謝的心情用「謝謝你」表達出來。這樣他對妳說出「謝謝」的次數一定也會增加。讓對方感謝的心情加深，使自己成為對方愛不釋手的女性吧。

「可以教我嗎」讓妳成為絕佳的聽眾

基本上男性最喜歡當老師。特別是講到他們的興趣時，話題就像滔滔江水一樣源源不絕。此時就算心中覺得「啊啊～又來了」口頭上還是得說「真的嗎，你真厲害～」才是正確答案。難得對方興致勃勃的要跟我們聊天，千萬不能給予冷淡的眼光。

「人氣酒店小姐，都懂得如何當客人最佳的聽眾」。任誰都希望別人可以對自己感到興趣，同時也會希望對方能很高興的聽自己講話。請問，妳是擅長聽人講話，還是擅長講話給別人聽呢？若是妳可以毫不考慮就回答這個問題，請再接再厲的磨練自己，一展所長。不過應該也會有人回答「我對於會話沒有什麼自信」。請不用擔心。在我經營婚友社時，男性所追求的結婚對象的條件中，沉著文靜的女性，總是比多話的人有更高的人氣。男性似乎對多話的女性抱持有「婚後可能會囉囉嗦唆什麼都要管」或是「說不定會放著家事不管，老是跟附近的婆婆媽媽聊天」等負面的印象。

如果妳對自己的會話能力沒有自信，或是比較愛說話的話，請務必活用「可以教我嗎」的技術。一開始我們已經說過，基本上男性都喜歡教別人。「可以教我嗎」最適合滿足他們「想要教人的欲求」。妥當運用這句話，可以拯救妳的危機。比方說若是找不到話可以講的時候，如果說一句「你之前講到的那支足球隊，可以更詳細的告訴我嗎」就可以將對方的關心導向別的方向。另外，如果覺得自己講話講太多的話，也可以用「話說回來，你說你想要買的那輛腳踏車，再多告訴我一點嘛」讓自己從說話的一方轉換成聽眾。試著改變聲調，依照場合分別讓自己變身成為可愛的學生跟幫對方精打細算的秘書。

如何成為擅長誇獎對方的人

除了到目前為止所介紹的字眼之外，另外還有許多可以勾動男人的心的話語。「你真溫柔」「你真有型」「你好強壯」「你真聰明」「你工作真是能幹」「好厲害」等等，什麼都可以拿來誇獎。如果一位男性被講這些話而生氣的話，不是當下心情很不好，就是個性極為特殊。不過就算他生氣也沒有關係，妳只要自己說妳自己的，一直誇獎下去就好了。就算表面上一臉嚴謹，心底也絕對會感到高興。

讀者之中或許有人覺得，我們都交往這麼久了，到現在才開口誇獎對方感覺實在很彆扭，不知道該怎麼開口。面對這種狀況的人，在此準備了極佳的變向策略，請務必試試看。那就是在所有誇獎詞前面加上「我從以前就覺得」這句話。請將先前所說的「你真溫柔」「你真有型」「你好強壯」「你真聰明」「你工作真是能幹」「好厲害」前面，全都加上「我從以前就覺得」。這樣講不只是可以自然的誇獎交往已久的男性，還可以加上「我從以前就對這樣的你抱有好感」這個附加價值。

除此之外「你還真是出乎意料的～」也是很方便的說法。「你還真是出乎意料的強壯」，這樣講比直接說出「你好強壯」還更能勾動男人的心。

另外只要說出「我覺得你這樣很好」或是「我知道你有在努力」，男性就會擅自覺得「這位女性真了解我」而產生好感。像這樣懂得怎麼誇獎別人的女性，絕對是討人喜愛的。

誇獎對方，是免費又方便的對話工具。只用一句話就能給他幸福的感覺，為什麼要吝嗇呢？請盡情的使用吧。當然，在床上說出來也能得到極佳的效果。

說任何人的壞話都是大忌

不管再怎麼努力誇獎對方，只要說出任何壞話，則一切將付諸於流水。更別說是他本人的壞話，如果在被誇獎之後得知對方會偷偷說別人的壞話，妳會作何感想呢？相信任誰都會對此感到不愉快。而且在下一次被誇獎時，不會再信任對方。

就跟這個原則一樣，只要妳說任何人的壞話，就會給人「在自己面前雖然一臉高興，但背後卻不知道會把自己說成什麼樣子」這種負面的感覺。就算加上「我偷偷跟你說，不要告訴別人哦」也沒有用。「人言可畏」如同俗語所說的，沒有任何秘密可以永遠的隱瞞，尤其是謠言、壞話、某人的不幸等等，其散播速度更是驚人。

就像先前所說的，必須要有任何人都不可以相信的覺悟，才有辦法在銀座生存下去。這對處於結婚戰國時代的女性來說也是一樣。隔牆有耳，周圍時時有間諜存在，請以此為前提來行動。

這樣講或許有點誇張，但很奇妙的，若是置身於互說壞話的圈子之中，不是在不知情的狀況下別人所說的壞話會被嫁禍到自己身上，不然就是被惡毒言語的毒氣所汙染，讓自己變得越來越負面。另外男性似乎會對「老是說人壞話的女性打從心底感到厭煩」。來到店內的男性常常會抱怨「妳要是看到我老婆那群人一定會嚇死，每次一聚在一起就只會說別人的壞話」。不過這也算是在說老婆的壞話就是了……。

如果要誇讚某人，就必須決定完全不說任何有損他的話，用這樣的決心講好話一直講到底。而如果是別人在講他人壞話時，表示同意的意見也是不行的。要是感覺出現這類氣氛，悄悄離開是最聰明的作法。

讓對方覺得「這個人讓我安心」的措詞方式

男性將結婚對象介紹給父母親時最擔心的，是對方用字遣詞的方式。服裝跟髮型可以當下想辦法調整，但平時說話習慣不管再怎麼努力，都很難隱瞞。

以前曾經有電視節目訪問某個偶像團體，問他們「你最不想跟哪種類型的女性交往」，其中一個人回答「說話骯髒下流的女生」。讓我印象很深刻的，是周圍所有成員都對這個答案點頭表示認同。連20歲出頭的男性都會在意這點，更何況是已到適婚年齡的男性，況且還是將成為自己新娘的女性。在媒體所介紹的「最想娶回家當新娘的演藝人員排行榜」中，我覺得人氣也是集中在說話得體，措詞高雅的女性藝人身上。

Part1我們說過，男性最無法抵擋女性的落差感。工作時講話標準且彬彬有禮，但私底下兩個人的時候卻語氣拉長發出撒嬌的聲音，這對男性來說似乎是無法抵擋的狀況。在我周圍也有很多這種類型的女性，她們似乎讓男人覺得「感覺只對自己展現真實的一面，介紹給別人也不會有問題」。

就我個人的經驗來看，講話得體且措詞優美的女性確實有著極佳的魅力。有時會因為幽默而使用流行語，但也能依據時間、場合、狀況來使用敬語，這種女性確實給人適合作為賢妻良母的感覺。反而，如果一位成年女性講話語氣跟高中男生一樣，或是用詞活像個辣妹，不但讓人聽起來非常不舒服，很不可思議的，甚至連身上穿戴的服飾都會看起來變得沒有價值。

如果想在最後被選上，最好不要抱持著「不過是措詞而已不是嗎」這種天真的想法。

使用問候的簡訊來傳遞安心感

「路上小心」跟「歡迎回家」，雖然只是理所當然的招呼語，但如果手機每天都有這樣的簡訊傳來，對於一個人住的單身男性來說是一件令人感到溫暖開心的事。

稍微設想一下就可以知道，一個人早上起來慌慌張張的準備出門，離開家後勉強趕上擠滿上班人潮的捷運，在人擠人的車箱內一路晃到離公司最近的一站，然後用手機檢查一天的行程，這已經是普遍現代人的習慣。此時若是有「早安~路上小心哦~」或是「一路順風，今天也一起加油吧」等日常打招呼的簡訊來自心愛女性，相信他將會比平時更有元氣與幹勁。另外在忙碌一整天後回到家中，要是可以看到「一整天辛苦你了，歡迎回家」的簡訊，一定也可以讓他心中添增一股安心感。

就算不是男女朋友的關係，對於妳有意想要交往的男性來說，這個簡訊大作戰也能發揮良好的效果。男人基本上都喜歡撒嬌而且希望受到關注。大多男性在高中時期每天早上都是由母親的「該上學了啦，快起床」來開始一天，並渡過這三年。這個習慣到開始工作之後有時也很難擺脫，一個人住的話甚至會讓人感到懷念。另外，我個人覺得所有男性或多或少都希望能在婚後，被嬌妻用甜蜜的耳語「親愛的，該起床了哦」所叫醒。在銀座時期有許多男性跟我說「妳可以每天給我MorningCall嗎」正是證明了這點。用手機傳一封「早安，路上小心」的簡訊並不會太過麻煩。面面俱到的男性往往很受女性歡迎，而面面俱到的女性則是會讓人想娶回去當老婆。只跟其他女性做一樣的事情，並不能讓妳在這場結婚戰國時代中取得勝利。多花一點心思讓每天的簡訊都帶有一點變化，來拉開與競爭對手的差距吧。

女性朋友是最危險的敵人

「沉默是金，雄辯是銀」相信各位應該都有聽過這句話。另外還有「要欺騙敵人先從我方開始」。這些都是銀座女性基本中的基本，對於活在結婚戰國時代的女性來說，也是一樣。

「將男朋友介紹給朋友認識，結果兩人竟然開始交往」這種事故不只是在銀座，一般社會上也絕非罕見。若是將所有的煩惱都說給信賴的朋友聽會怎麼樣呢？如果朋友剛好是他喜歡的類型，而朋友也喜歡他呢？雖然說如果是這樣就會瓦解掉的友情或戀愛，那也沒什麼好可惜的，但是就算口頭這樣告訴自己，心中還是會留下悔恨。

這樣講雖然有點無情，但如果連這種事情都判斷不清楚的話，那根本無法在這個結婚戰國時代存活下去。除此之外，還有跟朋友商量出軌的煩惱，結果隔天周遭所有人全都知道，或是將整形的經驗跟親密好友分享，結果被說出來等等，這種不愉快的事情，相信在妳周遭也實際發生過。而不願意承認原因出在自己，可說是人之常情。受害的人大多會用「妳是我唯一最信賴的人的說」「不是說好不能告訴別人的嗎」來責備對方，但攤開來講，其實自己多少也得負起一些責任。

醜聞相關的話題，是一般社會的最愛。這點相信妳自己最清楚才對。「別人的不幸有著甜美的味道」。面對這樣的世界，沒有必要自己提供絕佳的八卦供她們享受。不要多嘴，少說一句話就少一分秘密被人得知的危險，更何況是自己透露出自己的弱點，可說是自取滅亡。

德川家康曾經說過「敗亡的原因來自於自身內部」。活在結婚戰國時代的妳，請千萬要好好將這句話聽進去。

Colum 2

用別的方法轉換不可以對男性說出的禁句

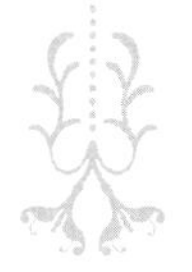

在此介紹如何避免使用會讓男性覺得「饒了我吧」轉身逃跑的禁句，並且順利表達自己心意的說話技巧。

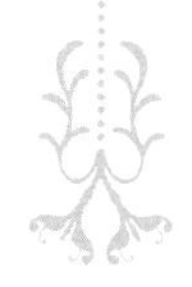

×「為什麼？」→○「該怎麼做才好？」

就算拿出大道理來逼問對方，也只是徒增對方的反感。若是能主動退一步並換成刺探等間接性的說法，對方也比較容易讓步。

×「你是○○對吧」→○「我覺得應該是○○呢」

被人擅自決定自己的個性，任誰都不會感到高興。特別是男性，對於傷害到自己自尊心的內容更是有聽沒有懂。別用責備，盡可能以告訴對方自己感覺的方式來對話。

×「你劈腿了？」→○「我知道你不是那種會劈腿的人」

與其以劈腿為前提，不如以沒有劈腿為前提來強調自己對於對方的信賴感。要記住信賴是比懷疑更有效的牽制球。

×「我就說嘛」→○「我下次也會注意的」

前者只是單方面的責備對方，後者則能夠給對方自己分擔一半責任的印象。

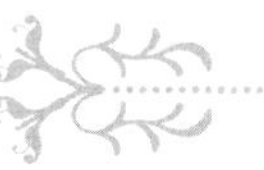

Part.3 讓男方主動求婚的絕頂姿態

Gokujo Love Technique

曼妙的舉止從姿勢開始

姿態與動作，可以讓妳用身體來表現感情，是非常方便的溝通工具。表情跟手勢、姿勢甚至可以傳達語言很難表達的細微意思。

特別是關於愛情表現，視線跟手指的動作有時比口頭的雄辯更可以將心意傳遞給對方知道。光是含情脈脈的看著對方，就等於是告訴對方「我愛你」。不經意的觸摸身體則是告訴對方「我對你有好感」。掌握這個技巧，可以讓妳光用一個動作就可以讓男性產生那個意思。

在妳周圍是否有「長得明明很普通，但不知為何就是受到男性喜愛」的女性存在呢？而妳是否有著「感覺自己的行為舉止跟她差不多，但怎麼好像就是少了點女人味」這類的煩惱呢？就好像同樣一句話，用不同的說法可以讓對方高興也可以讓對方生氣一樣，姿態與動作也可以用來掌握男性的心。在此介紹可以讓妳成為人見人愛的身段美女的絕頂妙招。

在進入具體性的動作說明之前，先來看三個能讓自己看起來更有女人味的基本演技。

把背挺直。

講話時不光是看著對方，還得將整個身體朝向對方。

將指尖與腳尖併攏，避免銳角性的動作，以輕柔的感覺來移動。

其實並不用想得太過複雜，不過要改變到目前為止的習慣並不是簡單的事。只要每天注意這三點，就可以讓妳變身成為比過去更有女人味的女性。之中又以第一點「將背挺直」最為重要。不管打扮的再怎麼漂亮，穿上再怎麼高貴的衣服，如果彎腰駝背的話那可一點都不會好看。

用指尖攻佔男人的心

女性的指尖，可說是能言善道。將指尖輕按在嘴唇上，玩弄頭髮，抓住男性上衣的衣襟等等，對於女性的這些動作，男性似乎都很難抵擋。另外像是在床上因為快感扭動身驅抓住床單的動作，還有握住男性生殖器輕柔的指尖，也都是可以增加男人興奮度的視覺性刺激。

銀座的女性對於這類指尖的動作當然也非常的在意。真正專業的小姐連指甲前端也不放過。除了手部保養跟指甲的保養之外，連怎樣的動作看起來美麗優雅都要計算到完美的地步後，才會在客人面前展現。有時還故意不用口頭交談，而是用手指寫在對方手心、背上、或桌子上。這樣可以讓對方覺得「到底是要寫什麼呢」而興奮的盯住指尖不放。像這樣，我們可以用充滿神秘感的遊戲來引起對方的注意。此時許多男性都會露出既興奮又快樂的表情。想必其心中一定充滿著妄想跟期待。

這個技巧除了一般情侶可以使用之外，也可以用來向中意的男性表達自己的心意。不好意思說出口的人，說不定可以用這個方式順利表達自己的心情。請試著跟他說「那個，可以請你伸出手來嗎？」，然後在他的手心寫上「喜・歡」看看。這應該會比普通講出來的告白，更能勾動男性的心。

除此之外，用餐時使用筷子的手勢是否優美，將口紅從杯子上拭去的動作，翻動書類時指尖的動作，打字時觸碰鍵盤的方式等等，許多男性似乎都會在這種日常生活中不經意的動作上，找出女性性感的一面。先從手部的保養開始，然後自己努力嘗試看看，如何才能表現出充滿女性嫵媚感覺的手部動作。

用視線緊緊抓住他的心

被自己喜歡的人注視，沒有人會不高興。那麼，如果是被不喜歡也不討厭的人注視著呢？答案是「果然還是會覺得高興」。不論男女，人似乎會對於對自己抱持有好意的人，感到好感。這是在心理學上被證實的事實之一，稱為「好意的互惠性」或是「好意的回報性」。這是以前我一位銀座的客人（心理學的教授）告訴我的。

請問妳是否有過這些經驗呢？一直都沒有特別感覺的人，在周圍的人告訴妳「他似乎喜歡妳哦」之後，突然會對他感到在意。這類型的案例證明沒有人會討厭別人對自己抱持有好感（除非對方是妳打從心底厭惡的對象）。

人類基本欲求的原則之一，是「想要被他人喜歡」。若是不對喜歡的人進行告白，老實說出「我喜歡你」的話，吃虧只是自己。不過在行動之前必須準備好適當的戰略」。

在此可以派上用場的是「眼力」。銀座的女性都親身實踐「眼睛跟嘴一樣能言善道」來抓住客人的心。一邊跟眼前的男性對話，一邊將視線送往其他客人身上。像這樣用眼神給個照會，對方就能得到「啊，我並沒有被忽視」的安心感。另外若是四目相對的次數較多，還可以讓對方覺得「她說不定是對我有意思」使他再次到店裡來，這樣才算是絕頂的妙招。

應用這個技巧，平時若是能跟喜歡的他多一點視線上的接觸再來進行告白，則可以讓成功的機率大幅提升。另外，男性對於水汪汪的眼睛還有由下往上看的眼神很沒有抵抗力。可以對眼力進行各種改良，讓妳最喜歡的他更加愛妳。

人類的心理相當不可思議，對於打從一開始就確定可以得到的東西，只會付出普通程度的努力。特別對男性而言，「好像看得到卻又看不到」「似乎可以得到卻得不到」的狀況特別可以激發他們的幹勁。上一頁所提到的心理學教授告訴我，這個現象叫做「心理性抵抗（Reactance）」。

人類基本上都想用自己的意志來選擇或決定。如果被人命令「去○○」，反而會因為限制到「不可以○○」的行動自由使他無法得到滿足，讓他感到「真無趣」。這全都是因為他覺得選擇權跟決定權被人剝奪的關係。並且會努力想要奪回被限制的自由。被人說「不可以看」就越想要看，雜誌內封死的部分也是利用這一點來引發人的購買欲望。

將這點活用到服飾上，可以讓男性成為自投羅網的魚兒。重點是「透過隱藏來勾引對方」。比起一開始就能看到內衣內褲，這種過度強調性感的服裝，乍看之下屬於良家淑女的外表，更可以讓男人感到興奮。

①細肩帶背心ｏｒ鈕扣扣到似乎能看到乳溝但其實看不到的短衫。

②超短迷你裙ｏｒ長度到膝蓋左右，會飄動的淑女風格裙。

這些是我經營婚友社時，對男性所進行的問卷調查中的一個問題「你希望結婚對象穿哪一種衣服？」不論是①還是②，都是後者有較多的男性選擇。

這個心理在床上也是一樣。不論再怎麼親密的關係，比起赤裸裸張開大腿的女性，用毛巾或棉被覆蓋身體，給人「不要看啦」的感覺，更可以勾動男性的慾望。

羞澀是最好的刺激

男性最喜歡女性羞澀的表情跟害羞的樣子。官能（成人）小說中也常常會用到羞恥心這個字眼。「羞紅的臉龐」「因為羞恥而顫抖的嬌軀」「害羞的低下頭來」幾乎沒有作品找不到這些字眼，男性就是這麼的為女性的羞恥心而傾倒。上一頁也說過，男性要是被說「討厭、好丟臉、不要看」就越是想看。女性越展現羞恥的一面，男性的慾望就越是旺盛，覺得「真可愛」「想要讓她更害羞」。

看看這個世間，我覺得忘記羞恥心的女性會變得越來越中性化。雖然與男女間的羞恥心有點不同，不過像是在捷運上爭先恐後搶位置的人、穿裙子但卻張開雙腿豪爽地大笑的人、不處理體毛的人、女廁人太多時毫不猶豫跑到男廁的人，就算透過同性的眼光，這些人也是一點女性魅力也沒有不是嗎？更何況是在男性眼中，這些女性更是讓人「性趣缺缺」。

一般男性最喜歡的妄想，就是將潔白無垢的東西染上自己的顏色。剛才所提到的幾種女性，別說是白色，已經是好幾種顏色混在一起，給人濁水般的印象。另一方面「好丟臉哦」而紅著臉頰低下頭來的女性，容易給人「缺少經驗」「處女」的印象。有機會的話，請試著用比平常多200％的感覺來不好意思看看。我可以保證在受到妄想的刺激下，他對妳的愛也會增加200％。對於關係發展到倦怠期，覺得「到這種地步了還做那種事情」的人，我特別推薦這個方法。看到平時瀟灑的妳卻害羞覺得不好意思的樣子，相信他一定會因為這個落差感而再次迷上妳。

每3次回絕1次

對於男性主動的邀約，每3次回絕1次會產生不錯的效果。不論是剛開始交往的新人，還是交往已久，進入倦怠期的情侶，這個方法都會有效。對於「隨時都OK的女性」，男性會感到過度的安心而不再願意下功夫（花上時間與金錢）。也就是產生「已經釣到手的魚兒不再須要餌」的現象。

對於越下功夫追求的東西，男性越會感到珍愛，跟搭訕後馬上可以上床的女性相比，展開幾次攻勢後卻還是不願意看向自己的女性，更可以點燃他們的鬥志，這是男性的習性之一。先前說到「透過隱藏來勾引」還有「羞恥心」全都是為了刺激男性無法簡單得到的慾求的技術。

在夜晚的銀座，如何在不跟對方上床的狀況下吸引對方，是勝負的重點。客人一方也會覺得「都已經花這麼多的錢跟時間了，總有一天一定可以……」正是因為抱持有這樣的夢想，他們才願意一直到店裡來。反過來，如果是不管什麼時候邀約都馬上乖乖跟過來的話，會給對方輕薄的印象。這樣有可能奪走難得的樂趣。而完全不答應跟對方約會，對男性來說也很無趣。因此以專業技巧來看，大多會以3次中答應1次來做為標準。

不過在一般情形，3次中回絕2次的話可能會讓對方抱持「她該不會討厭我吧」的不安感。因此3次中回絕1次算是最妥當的。當然，這可以隨著兩人的進展跟當下的狀況來做調整。

也就說，讓男性能夠體會到追求的喜悅，也是一種愛情，抱持這種思考是很重要的。因為喜歡對方，因為想讓對方更喜歡自己，所以才刻意拒絕對方的邀請，別忘了在可以運用的技巧中有著拒絕這個選項。

聰明的女人要懂得裝傻

「為什麼那個女的會那麼受男性歡迎？」「不為何，但她總是能一次又一次的交到男朋友」請問妳周圍是否有這樣的女性存在呢？如果有的話，請仔細想想她的肢體動作跟講話方式，會不會給人傻傻的感覺呢？

「什麼啦～？人家不懂哩」「那有嘛～」「〇〇你真是的～」「討厭啦……」這些台詞就女性的觀點來看，會讓人不自覺的想吐槽一句「妳耍白癡啊！」，但男性們似乎完全不這麼覺得。

而且這類型的女性，大多有著非常豐富的肢體語言。將雙手合在下巴一旁或胸前、玩耍般的移動自己的手指、惡作劇般的表情千變萬化，讓人百看不膩。這些女性如果另外還有「作事情不拖拖拉拉」「擅長料理」「有著正常的金錢觀」等出乎意料之外的一面的話，那則會被當成額外的加分分數，加算在整體評價上。也因此這種女性往往受到部分男性絕大的支持，快速的實現結婚的夢想。就她們的觀點來看，這些行動或許全都是計算出來，也或許是天生的本能。不過重要的是許多男性在這種場合，似乎連懷疑的時間都沒有，就從男友變成了老公。

或許妳會覺得「為什麼男人會被這種幼稚的戰略騙得團團轉啊？」，但這些女性身上有著許多值得學習的地方。比方說將上述台詞用「我不懂」「什麼？」「○○你在做什麼」「我不要」的方式說出來，是否讓人覺得拒人於千里之外呢？當然，人總是很難在突然之間就改變自己的形象，況且還會讓周圍的人嚇一跳。因此可以先試著讓語氣跟說話的方式柔和下來。若想成為頂尖的女性，則必須學會要在什麼時候怎樣裝傻，才算聰明。

面對草食系男子，要誇讚其品味

現在街坊上的草食系男子似乎越來越多。「與其跟女性外出，不如一個人在家中享受自己的時間」「並不會特別努力想讓自己受到女性歡迎」「對於性愛沒有那麼強烈的慾求」這些特性是我在銀座時期所無法想像的，但在現代社會中似乎並不罕見。這些男性對於結婚似乎有點食慾不振，覺得「婚後自己的時間會減少」「結婚的話自己所能使用的金錢會減少」。要喚醒他們對於結婚的欲求，除了努力之外，還須要相當的時間。

那麼，妳應該會擔心我們到目前為止所介紹的技巧，對於這些草食系男子是否通用。不過請不要擔心。對所有類型的男性都會管用，才算得上是絕頂的妙招。就算面對草食系男子，一樣要「誇獎他們」準沒錯。不過他們凡事都討厭太過誇張。因此面對他們的時候，基本上必須是「不經意」的誇獎。而誇獎的對象必須是其品味與嗜好。

草食系男子在選擇伴侶時，會將生活方式合不合得來，擺在性愛之上。他們有著將屬於自己的時間看得比任何事情都來得重要的傾向，生活上對於興趣跟品味有著自己的堅持，因此好好研究他們這方面的喜好，將會非常重要。喜歡什麼樣的設計跟顏色，事先準備好相關音樂跟藝術的情報來增加話題，可以給予良好的印象。然後用「你竟然會選擇這個，品味還真是不錯」來自然地誇獎他們的喜好。

另外，在交往還不是那麼密切的時候，與性有關的話題跟動作最好少一點。就算希望將來可以成為這樣的關係，太過積極可是會被他們敬而遠之。他們對於伴侶所要求的是自然且不勉強的生活，性愛方面也是「不知不覺的，回過頭時一看，很自然的就成了這種關係」將是理想的發展型態。

讓對方覺得「還想跟妳在一起」的銀座妙招

如果跟某位男性不是只想發生一次關係，而是想長時間交往的話，那絕對不可以心急。要是讓對方覺得女性心急的話，就會造成如果得不到就不善罷干休的印象，讓對方怯步。如果對方有可能成為一生的伴侶的話，怯步的程度也就更加嚴重。不要因為想讓對方在短時間內「了解我的所有一切」而過度的自我主張。與其第一次不如第二次，與其第二次不如第三次……每次見面都讓對方有新的發現跟喜樂，才是聰明的作法。

請試著想像一齣連續劇，隨著集數增加越來越進入高潮。這些連續劇不都是在「啊！現在才正精彩的說」的地方「待續」呢？這個技巧在於男女之間的拉鋸戰中很值得參考。請將那個讓人「想快點看下一集」「怎麼還不快演下一集」的部分，試著當作約會結束的部分來思考。讓對方覺得「還想再見一面」的秘訣，就是趁對方覺得「還想繼續聊天」「跟對方在一起真快樂，還想再多待一下」的時候，由我方主動結束。不可以因為想要得到對方求婚，就在一次的約會中將一切都拿出來，必須留下「請期待下一次」的空間來相互道別，使對方產生依依不捨的感覺。一集演完的電影並不適合長遠的戀愛，不斷持續下去的連續劇才是得到求婚的必勝模式。

其實這個手法是銀座小姐們陪客人外出時的奧義。在空檔的日子（白天沒有安排與客人外出的日子）對於「難得有這個機會，就讓他陪我外出吧」的客人使用。一起外出之後，等話題熱絡起來時跟對方說「很抱歉，我差不多該到店裡上班了。跟你在一起聊到都忘了時間，一轉眼就這麼晚了」。這樣對方也會覺得「那不如這樣跟妳一起到店裡吧」而成為今天的第一位客人。連同台詞一起，這些都是約會結束時可以使用的絕頂妙招。

不經意的身體接觸（基本篇）

銀座的女性非常擅長透過不經意的身體接觸，來將超越語言的訊息傳遞給對方。在這些女性當中，有些是毫不思考就能自然而然在最佳時機觸碰對方的老手，也有一些是剛剛來到店內，光是被客人稍微摸一下就顫抖著讓肩膀僵硬起來的新人，後者這種青澀的新鮮感也是會讓客人高興的身體接觸。當然銀座的高級俱樂部基本上是禁止觸摸，不論是客人還是款待一方都不會以「撫摸對方」為主要目的。稍微握一下手，輕拍一下肩膀，假裝捏大腿等等，不經意的身體接觸屬於享受心靈交流的手段之一。這種不經意的身體接觸與輕微的觸碰，並不是銀座俱樂部才有的溝通方式。若是能在跟他對話時加上拍肩、握手等身體的接觸，相信妳也能感覺到兩人之間的關係越來越親密才對。

在此，教導不經意地進行身體接觸的技巧，讓妳可以用最有效的方法將自己的心意傳遞給他。

首先必須學會如何可愛地向他表達喜怒哀樂的感情。

高興＝在胸前小拍一下手之後再微微一笑→看著對方的眼睛讓雙手小小的握起。

你真是的＝微微讓臉蛋鼓起→假裝捏一下他的腰或大腿。

好寂寞哦＝稍微低下頭來，從下往上看他的臉→微微拉住他上衣的衣襟或袖口。

真快樂＝在胸口附近擺出小小的萬歲→用笑容面對他之後拿起他的雙手→在兩人胸口之間拍對方的手掌。

不經意的身體接觸（應用篇）

身體接觸的基本技術，各位是否都已經掌握到了呢？重點有兩個。

用較小的動作來進行。

表現出可愛的感覺，而不是性感。

這次換成應用篇。在此將會介紹可以用在各種約會場面的身體接觸。

♥想要更親密一點／使用場面＝宴席喝酒時。聊天聊得很熱絡之後大笑時。

將手擺到下巴附近，在幾乎可以觸碰到嘴唇的地方與下巴之間來往（不是用手掌遮住，而是隱約可以看到牙齒的手勢）→笑著笑著順勢用單手拍在他的肩膀上，然後用頭靠在上面。※別讓自己的化妝（粉底或口紅）沾到他，重點是先將手放在他的肩膀上。

♥撒嬌要對方買東西／使用場面＝到購物中心希望他能為自己做什麼，或是希望他能買東西給自己時。

輕輕拍他的肩膀（用「聽我說哦」的感覺向他開口）↓露出笑容後將兩手合在胸前，看著他的雙眼↓閉緊雙眼低下頭來，將雙手提高一點（擺出求人的姿勢）↓緊握他的雙手再次強調內容。※重點是最後再次強調想要他做的事。

♥約定／使用場面＝約定下次的預定事項等等。約定下次的行程，或是說好希望對方為自己做的事情時。

用小指勾住對方小指↓一邊說出「那我們講好了哦」一邊拉到自己臉頰旁↓一邊看著他的小指一邊將頭微微擺向一邊，用臉頰搓揉他的小指。※可以讓他臉紅心跳，效果絕佳。若是關係發展得更為親密時，請改成吻他的小指。

懂得撒嬌才能抓住幸福

懂得怎麼撒嬌跟一般所謂的只會撒嬌是不同的。只知道從一開始就喊著「做嘛～做嘛～」如果以為什麼事這樣都會管用的話，那可就大錯特錯了。到此為止所述說的各種絕頂妙招，對於撒嬌所擁有的共同定義，是要讓他覺得「真拿妳沒辦法」。透過「雖然很努力，但結果並不順利」「雖然不擅長，但卻不放棄」來讓他不知不覺的想要伸出援手，以大幅提升他的存在價值。

這個構圖，讓男方的動作看起來像是出自於自身的好意或是自發性行為，但其實卻是以女性一方的動作為起因。男性有著在「成為某人的助力」「被某人所依賴」等狀況下更加努力的性質。連續劇中常常可以看到很有女人緣的男性在愛撒嬌的女性跟自立自強的女性之間煩惱著「該選那一邊」的設定。在這樣的劇本中男性大多會決定

「妳一個人自己也可以活下去，但她卻不能沒有我。看著她讓我覺得我不能放下她不管」而離開自立自強的女性。這句台詞雖然有點陳腐，但我認為相當正確的表達出真理。

結婚生活過了一段時間進入倦怠期，很可悲的，大部分的男性都會在精神上感到疲倦。因為在家中父親活躍的場面越來越少。能被孩子們撒嬌「爸爸真厲害～」「拜託你啦～爸爸」的時候，男性還可以維持元氣，但隨著小孩長大，這種狀況會越來越少，讓男性的身心都開始萎縮失去活力。因此千萬不能忘記「要徹底的誇獎男性、把他們捧得高高在上、一路依賴他們到底」。

只要妳懂得怎麼對他撒嬌，他也能一直處於幸福的狀態。而這也將會成為妳的幸福。

Colum 3

學習什麼樣子的女性才會令人想娶來當新娘

一般會讓男人「想娶來當新娘的女性」屬於穿起圍裙有模有樣的類型。日本演藝界中有安惠小姐、檀麗小姐、綾瀨遙小姐等等，可以成為一般性的指標。

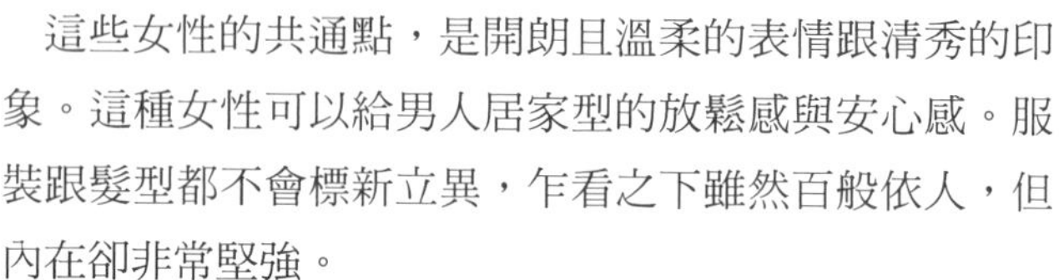

這些女性的共通點，是開朗且溫柔的表情跟清秀的印象。這種女性可以給男人居家型的放鬆感與安心感。服裝跟髮型都不會標新立異，乍看之下雖然百般依人，但內在卻非常堅強。

而她們另外還有一個重要的共通點，不知妳有沒有發現。那就是可以很安心的介紹給「家人（尤其是母親）」。大家應該都會希望家人能夠喜歡自己所愛的對象。相信妳也不會特地選一個會被周遭所有人說「那種男人到底有哪裡好啊」「感覺一點都不能讓人依靠」的男人來當老公吧。

透過這個觀點，我們可以從這些女性身上找出許多值得學習的地方。也可以靠努力來讓自己接近她們所給人的印象。除了服飾跟髮型等外觀上的要素，細微的動作跟說話方式也會是很好的參考範本。

模仿他人，絕對不是可恥的事情。在銀座若想成為第一名的酒店小姐，也必須徹底研究店內第一名的小姐，徹底「學習」她與客人相處的技術。透過模仿良好的範例，可以讓自己實際接近這些範例。

Part.4 讓男方下決心結婚的絕頂床上技巧

用肉體互相確認愛情

以「性愛為生命」的思考方式作為基礎，我開設了「SexualAcademy（性愛學）」這個咨詢講座。其中主要是以女性的觀點，來教大家對男性使用的性愛知識。一個人對於性愛抱持著什麼樣的想法，會影響到這個人的人際關係。

我個人認為性愛是可用身體來將心意表達給對方知道的，一種非常美好的溝通方法。必須要有能為對方著想的心情，幸福的性愛才能成立。

現代社會充斥著各種與性有關的資訊。可是為了讓男女雙方都有「美妙」感覺的性愛知識，讓人懷疑是否有正確的被傳遞給大家。事實也證明，有99％的女性在做愛時會用演技來假裝。「不想被他討厭」「不希望對方以為自己有性冷感」「省得麻煩」等等，之中各自有各自的理由，不過這也正是代表這些人「沒有正確的性知識」「只將性當作一種快樂的手段」。

這個現實讓我非常的傷心。因此我設立了這個「SexualAcademy」講座，希望「大家都能擁有充滿幸福感的性生活」。

在性生活之中除了肉體性的快樂之外，還能給另外一半充實感的人，被認為可以尊重他人，並建設出美好的人際關係。對於打從心底「希望可以跟鍾愛的他結婚」的妳，請務必建立我所說的這種性關係。為此，必須先學習與性愛相關的正確知識才行。擁有正確的性知識，讓妳可以清楚了解到男人對妳抱持著什麼樣的感覺。也可以判斷他是否真的適合當妳人生接下來的伴侶。

不可以馬上就說OK

常常有人問我「要約會到第幾次後，才可以同意跟對方上床？」。對於這個問題，我的回答是「請隨自己的喜好跟感覺來決定」。雜誌上常常可以看到「在約會3次以前都不可以答應」「可以由女方主動開口」等記事，但實際上並沒有這種定義存在。一切都取決於當事者的感覺跟心情。不過從我過去跟許多男性共枕的經驗之中，有一些教訓與忠告，值得讓妳參考。讓我在此一一告訴妳。

男性的習性之一，是對花越多時間與下越多功夫的對象，越是感到珍惜。另一方面對於馬上就到手的東西，很快就不再感到吸引力。如果妳馬上就同意跟對方上床的話，有可能增加他對妳失去興趣的可能性。雖然這跟一開始所說的「請隨自己的喜好跟感覺來決定」有所矛盾，但最好還是不要約會一兩次就同意跟對方上床。幾乎沒有任何男性，想要將開口一問就馬上說ＯＫ的女性「當作自己的妻子」。另外在男性的情況，「性愛＝愛情」的方程式並不是每次都會成立，男人在床上所說的「我愛妳」並不代表「請跟我交往」，當然也最好別認為這就是「請跟我結婚」。草率的行為，只會為妳帶來傷心與後悔，讓妳被只為了跟妳上床而接近妳的男性所玩弄，落得悲慘的下場。

如果是這樣，已經在短時間內跟對方發展到肉體關係的女性該怎麼辦呢。覺得「難道我必須放棄跟他結婚嗎？」而感到不安的妳，請不用擔心。機會並沒有消失。只要在下次的約會跟他說「通常我絕對不會這樣，只因為是你，所以人家才願意……」即可。如果只是虛偽的謊言，馬上就會被拆穿，但只要妳打從心底這樣認為，他也是有心要跟妳交往的話，那妳們兩人的關係將會越來越好。

Part.4 能夠發展成婚姻的性愛

在此讓我們對於從交往到上床的時機，做更進一步的思考。男性的心理形態充滿矛盾而且麻煩，一方面覺得「不想跟一開口馬上就說ＯＫ的女性交往太久（＝不想跟對方結婚）」另一方面又覺得「總是被拒絕該不會是討厭我吧，那就不該發展成更親密的關係（＝尋找另外的對象）」。其實男性的本意，正隱藏在這兩個矛盾的想法之間。

一開口馬上就說ＯＫ的女性，會給人「跟其他人說不定也馬上就會上床」的印象，而被拒絕太多次的話則會失去進展的機會。最近「由女方開口」的情形並不在少數。這對男性來說，其實是值得歡迎的。可是就結果來看，這同樣也會給人「跟其他人說不定也馬上就會上床」的印象，最後以「不想跟這種女性結婚」而以分手告終。不管妳再怎麼的喜歡對方，馬上就說ＯＫ，結果都只會讓他對妳的印象變差。

就這種觀點來看，最近終於結婚的歌舞伎界藝人市川海老藏先生與小林麻央小姐的例子，非常值得讓人參考。跟眾多女性有過緋聞的浪子，最後所選擇的女性，既不是馬上就說ＯＫ，也不是自己開口的類型。這純粹是我個人的感想，但小林麻央小姐正是理想型的「可以發展成結婚」的成功典範。

進展到性愛階段的契機，每個人都不同。我自己也認為「大人基本上可以自由享受無妨」。可是當決定一生伴侶的問題擋在路中間時，則必須好好觀察對方是否可以珍惜自己一輩子的人，盡可能做出正確的決定。當然這個世上也有人是「試著上床看看結果感覺超好，所以就結婚」的人存在。不過就現實的觀點來看，聰明人還是不要賭定自己可以遇到這種對象。

用最棒的吻來抓住他的心

接吻，是比上床更為日常性的肉體交流，但有時卻能成為比性愛更能言善道的溝通工具。接吻方式，會反應出一個人性經驗的層次與為對方著想的心情。特別是兩人的第一個吻，將是極為重要的轉捩點，能否讓人對接下來的關係抱有期待，全都看這第一吻。或許有人會覺得不過是一個吻，但請千萬不要忽視其重要性。

在此將介紹從第一次與他相吻，到最後可以盡情享受熱吻的各種階段所能使用的技術。只是比技術更為重要的，是妳的真心。用充滿愛情與魅力的吻，緊緊抓住他的心吧。為此，千萬別忘了每天進行嘴唇的保養。

第一個吻是羞怯的感覺

跟他第一次相吻時，點到為止就好。不管妳是經驗再怎麼豐富的接吻高手，第一次都要給人不習慣接吻的羞澀感。

STEP 1

雖然對他抱持有好感，但為了讓對方感覺到自己的不安與猶豫，必須微微的抵抗。稍微低下頭來擺出緊張與僵硬的姿勢，可以挑動男性的心。

STEP 2

當他逼近的時候，用手按住他的胸部，然後將臉轉向別的方向。這樣可以將「我不是那麼簡單就做這種事情的女性」的訊息告訴他。

STEP 3

當他更進一步接近時，用羞怯的感覺接受他。如果他想更進一步深吻的話，則到此結束。留下「我還沒有準備好要更進一步的……」的空間來銜接到下一次。

第二次以後的吻

從第一個吻稍微往前進入下一個階段，要將「我不是輕浮的女性」的印象確實傳遞給對方。跟第一個吻維持同樣的態度，並讓他感覺到抵抗稍微鬆懈。

STEP 1

將視線錯開後稍微低下頭來，表現出羞澀的感覺。將肩膀稍微提高，並側過身來，給他雖然猶豫但還是願意接受的感覺。輕咬下唇，表現的比第一次更為嬌羞也很有效果。

STEP 2

將主導權交給他並減緩抵抗，但還是要留有緊張感。用含情脈脈水汪汪的眼神注視他。從下往上看的角度也是重點之一。另外也可以試著用生疏的感覺握住他的夾克或上衣的衣襟。

STEP 3

將身體倚靠在他身上，讓身體在一開始的時候維持僵硬以表示拒絕，但漸漸鬆懈下來。展現出自己在他的懷中慢慢不再抵抗的感覺。這樣可以讓他得到「我突破了她的防守」的達成感。但還不可以進行深吻。

更進一步享受吻

進行過第一次的吻之後，但還沒有前進到肉體關係的階段。建議可以在約會中或是道別時給對方輕輕的一吻。一邊給他「我很喜歡你」的印象，一邊吊他的胃口。

輕微的接觸

輕吻圖中★的部分（眼皮、鼻尖、額頭、臉頰、下巴、脖子等部位）。直接了當的表達出「我很喜歡你」。

再一次進行初吻

有時可以再次用第一次相吻的那種羞澀感覺，來得到新鮮感。在勉強可以觸碰到的距離讓嘴唇接觸，也可以用在催促他更進一步行動的時候。

成為接吻的高手

在此介紹的吻，是給關係進展到某種程度之後的情侶使用。才剛交往不久或是關係還不親密時，若是使用這些技巧，會被認為是「輕浮的女性」。必須等到兩人關係有相當的進展之後再來進行。

第一次的深吻

STEP 1

在他將舌頭伸進來的時候，故意讓嘴唇僵硬，進行阻擋。

STEP 2

等他將舌頭更進一步伸進來的時候，一邊猶豫一邊將嘴唇放鬆，讓對方進來。

STEP 3

一邊交給他來進行，一邊讓舌頭以僵硬的感覺微微移動。

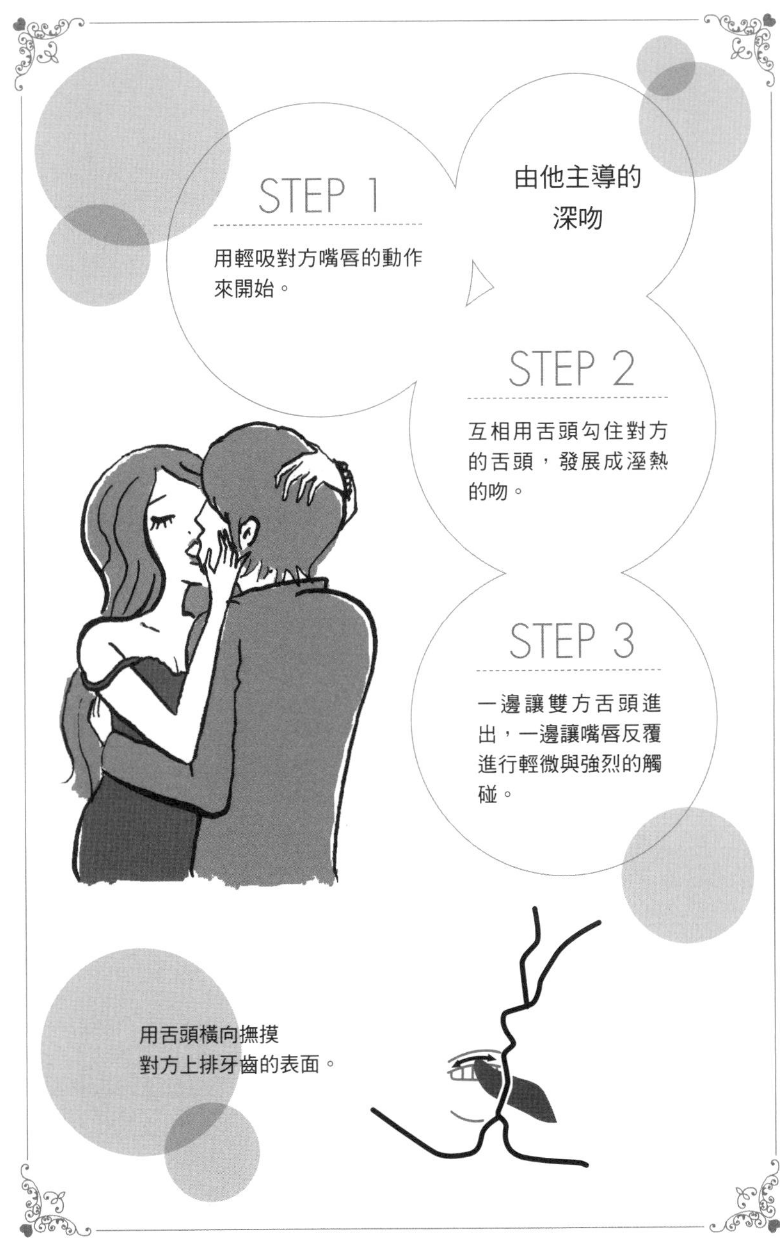
STEP 1
用輕吸對方嘴唇的動作
來開始。
由他主導的
深吻
STEP 2
互相用舌頭勾住對方
的舌頭，發展成溼熱
的吻。
STEP 3
一邊讓雙方舌頭進
出，一邊讓嘴唇反覆
進行輕微與強烈的觸
碰。
用舌頭橫向撫摸
對方上排牙齒的表面。

第一次上床

在第一次發生肉體關係的那天，「不論是做什麼事情，都要先拒絕一次」，這是絕對性的基本定律。請假裝成「好像什麼都不懂的女性」來渡過這一天。所有的場面都全面性的將主導權交給他，妳只要順勢配合他來進行就可以了。當然，也不可以忘記羞怯的感覺。

通常在第一次，男方也不會要求太過激烈的行為。如果對方真的硬要妳做出妳不喜歡的事情，那他可能只是將妳當做玩玩的對象。此時必須好好跟他說出「我不想被當成只是拿來玩玩的女人」。先用間接性的方式溫和的回絕對方，等待對方的反應。如果還是堅持要做出妳所討厭的行為，則證實他對妳只有肉體上的慾求，沒有為妳著想的真心。不必勉強自己去忍受這些行為。

第一次上床的流程

當妳覺得「他應該要開口了…」的時候，最好在約會時攜帶換穿用的內衣褲。相信妳不會希望穿著滿是汗跟體臭的內衣褲跟他上床對吧？

STEP 1

首先得自己一個人洗澡。就算他說「一起洗吧」也要以「今天不行，人家還覺得不好意思」來回絕。藉此給他「沒有經驗」的印象。

STEP 2

出來時請一定要穿上浴袍（如果沒有的話請圍上浴巾）。不只是這天，往返浴室與床鋪時，身上一定要有可以遮掩的東西，全裸為禁止事項，這是基本原則之一！

STEP 3

到了床上要開始前跟他說「這麼亮好丟臉哦，請關燈好嗎」。

第一次發生關係

終於到了要跟他進行第一次親密接觸的階段，請徹底的扮演處女。不管經驗再怎麼豐富，擁有再怎麼厲害的技巧，第一次都絕對不可以展現給對方知道。請千萬注意不要一不留神就「用熟練的手法幫他套上保險套」……切記大意是最可怕的敵人。

STEP 1

身穿浴袍，盡量不要跟他有視線上的接觸，靜靜走到床邊。

STEP 2

就算被他抱住，也要維持住緊張感。用手按住他的胸部，以維持兩人之間的距離。這樣可以讓他覺得「妳沒有什麼經驗嗎？」。

STEP 3

用視線對他做出「請溫柔對待我」的訴求，時時刻刻強調自己的「羞怯感」。在這個階段時不要主動做出任何動作，一切交給他來主導。從開始到最後，徹底扮演處女。

第一次發生肉體關係時的體位

在第一次發生關係時，千萬不可以忘記羞澀的感覺。不可以主動扭腰擺臀，也不可以去握住對方的性器官。第一次上床時所進行的體位最好止於兩種。如果他更進一步要求的話，就用「討厭」「好丟臉哦」來拒絕。

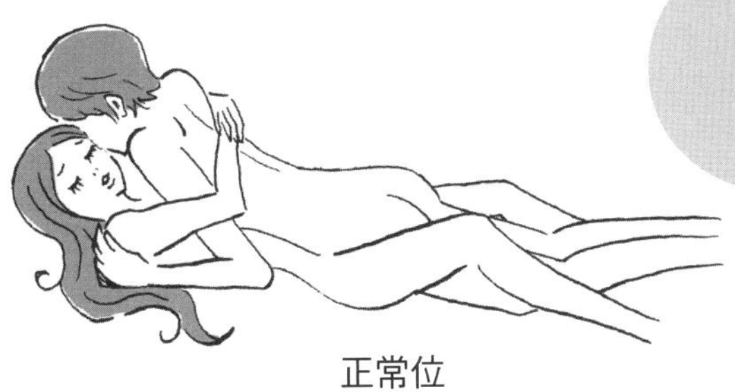

正常位

基本中的基本，最為普遍的性交體位。盡量讓雙腳伸直，給對方「沒什麼經驗」的印象。一切都交給他來主導，一邊接受，一邊表現出猶豫的感覺。

側位

第一次時請貫徹「只能從前面來」的原則。就算他想移到後方，也請用「該怎麼做？人家不懂⋯⋯」的僵硬動作來回應。注意不要比他的主導更早做出回應。

最有效的撫慰技巧♥膝枕＋掏耳朵＝恍惚般的夢幻時光

絕大部分的男人，都愛向人撒嬌。不管表面上裝得再怎麼酷，不管外表再怎麼壯碩如何具攻擊性，心中都會覺得如果有人可以撒嬌的話還是會想要撒嬌。因此，為了在這個結婚戰國時代取得勝利，我在此推薦用壓箱寶的撫慰技巧「讓對方躺在自己膝蓋上＋幫對方掏耳朵」來拉開與競爭對手的差距。它的撫慰效果好到讓我可以斷言「沒有男人不會為此感到恍惚」。或許是因為這會讓他們想起小時候由母親幫他們掏耳朵時的安全感。不過要讓女性幫他們掏耳朵，必須要有一定程度的信賴關係才行。另外，耳朵上集中著許多神經，是非常敏感的部位，屬於性感帶之一。由女性撫摸這個部位可以得到難以言喻的舒適感。這種身體接觸有著性愛所沒有的祥和性滿足感，對於建設更為親密的關係時，有著＋α（額外）的效果。

不過如果突然拿出掏耳棒跟他說「讓我幫你掏耳朵」，感覺實在太過唐突。而且說不定他是「絕對不想被人摸耳朵的類型」（雖然極為稀少，但確實有這種人）。因此最好在約會用餐時不經意的問他「你有讓人幫你掏過耳朵的經驗嗎？」。如果他回答「真希望能有人幫我掏耳朵」，那就可以用「那有機會我來幫你吧」增加對方期待的感覺，讓行動可以較為自然的被實現。

我隨身都會攜帶掏耳朵的工具。男人似乎體驗過一次就很難忘記，甚至曾經有人是希望我幫他們掏耳朵而找我約會。掏耳朵的工具中有掏耳棒、棉花棒、棉塊。人的耳垢分成乾濕兩種，實際幫人挖耳朵時必須注意。結束時用棉塊沾點乳液來進行事後保養，可以讓他們更加高興。

用性愛＋α來為他整理儀容

就算已經實施過上一頁所介紹的「躺在膝蓋上＋掏耳朵」的人，也很少會幫對方刷牙跟剪指甲。在此介紹能跟競爭對手更進一步拉大比數的下一個撫慰技巧「幫他徹底整理儀容作戰」。說穿了並沒有什麼特別之處。只要用「今天全都交給我吧」的感覺，徹底為他從頭服務到腳就可以了。

或許這一樣可以讓他們感受到母性的安慰，在各種撫慰技巧之中人氣極高，經歷過一次的男性都會「還想再來」。雖然稱為技巧，但執行起來並不須要專職美容師的技術。只要妳打從心底覺得「我很珍惜這個人」，相信他一定也可以感覺到妳真心的呵護。很不可思議的，若是妳心中覺得「真麻煩」或是「拿你沒辦法才勉強答應」，對方馬上就會察覺得到。這樣別說是要撫慰他，甚至還會造成反效果，得多加注意。我個人的情況，對於某些對象會連刷牙跟剪指甲也會一並服務到底。不過這某種程度屬於個人喜好的問題，最好事先詢問他希望到什麼程度。

一起洗澡時幫他刷背，或是幫他洗頭髮，應該是較多人都已經體驗過的項目。不過可以用比平時更為溫柔且細膩的手法來試看看。相信他一定會將身體全都交給妳，心懷感謝的覺得「沒有任何女性這麼的照顧我」。

男女之間的溝通與身體接觸，並不只存在於床上，花點創意與巧思，就能無限的擴大到生活的每個角落。這可以讓兩人不再只是追求性愛的快樂，而是連日常中微不足道的事情也能化為喜悅。性愛之外還能有＋α（額外）的樂趣的話，他就會把妳當作特別的存在，捨不得讓妳離開。

過去男人的數量是最高機密

將妳過去男人的數量告訴對方，是男女交往時的大忌。就算對方用寬大的態度告訴妳「我不會嚇到」「我完全不在意」也絕對不可以說出實話。別說是告訴他老實話，其實根本就完全不須要告訴他。不管思考再怎麼開明的男性，面對「其他男人的影子」時，都會變得神經質。嘴巴雖然說「沒問題，我一點都不會在意」，心底其實還是覺得「原來以前有跟其他的男人……」。因此不將自己的過去老實告訴對方，並不是謊言或敷衍，而是為對方著想，同時也是男女之間的一種禮貌。

男人這種生物，總是無時無刻的希望自己凡事第一名。當妳跟他一步一步走在通往親密關係的階梯上，千萬得注意男方的這個特性。就算妳是位經驗豐富且性愛技術高超的女性，在他面前也請當一位徹頭徹尾的「處女」。接吻時、上床時、幫他口交時，全都不要忘記羞恥跟青澀的感覺。

虜獲他並不等於讓他了解妳上床的技術有多好，這點千萬不能搞混。為了讓他高興而磨練性愛的技巧，是極大的錯誤。嬌羞才是刺激男性感官最好的調味料。若是忘記這點一心只想著「給予對方性方面的快樂」，有可能造成反效果。確實，這或許可以讓男性成為快樂的俘虜。但妳認為這樣會是可以銜接到結婚的性愛嗎？當然不是。不是肉體相連，而是要感到內心相連，人才會互相珍惜。為此，我希望所有人都能學習到正確的性知識。不只是技術，正確理解避孕、性病的風險跟身體的構造，是幸福生活基本中的基本。讓妳既可以為對方著想，同時也可以呵護自己。

為他去除疲勞的按摩技術

我在跟職業運動選手交往的時候，常常在床上幫他按摩。這點讓他感到非常高興。一心想要為他減輕疲勞，我開始會到整體師跟按摩師那邊收集許多相關知識與情報。他似乎也非常感謝我的用心，在按摩結束後總是會說「這次換我來」，然後比平時更熱情的對我進行愛撫。就像這樣，打從心底為對方著想的心，可以一步步加深兩人的愛情。

按摩可以促進血液跟淋巴液的循環，有著讓身體暖和起來的效果。其實這個溫熱效果，同時也會成為提高興奮度的契機。完事後，讓總是處於主動立場的男性體驗模擬性的被動立場，可以讓他進入恍惚的美夢之中。

慢慢的，輕柔的按摩保養

用按摩來進行保養的時機得看每一次的情況。如果他真的很累的話，可以在上床前。上床後的話則是用「感謝你這麼愛我」的心情來好好的幫他按摩。

手掌

像圖中所顯示的用雙手握住他的手，然後輕揉手掌的每一處到肌肉放鬆為止。

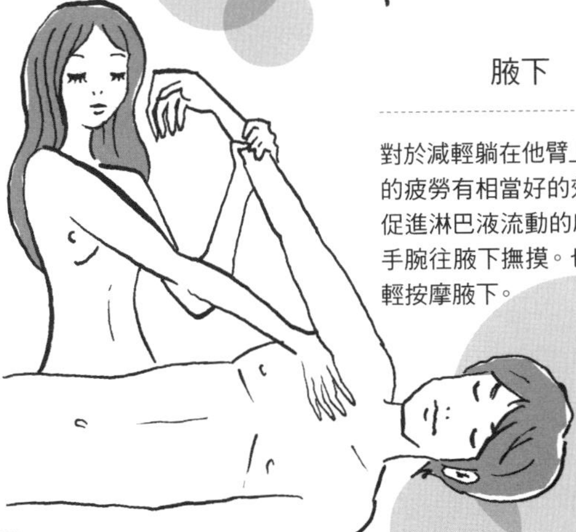

腋下

對於減輕躺在他臂上所造成的疲勞有相當好的效果。用促進淋巴液流動的感覺，從手腕往腋下撫摸。也可以輕輕按摩腋下。

充滿愛的按摩保養

在性愛＋ α 的樂趣中，建議可以用按摩保養（Touch Care）來撫慰他。這是向他展現妳母性一面的大好機會！ 上床以外的時間也可以進行，增加兩個人在一起放鬆的時間，讓他對妳的愛也越來越深。在進行按摩保養前，別忘了先溫熱自己的手。

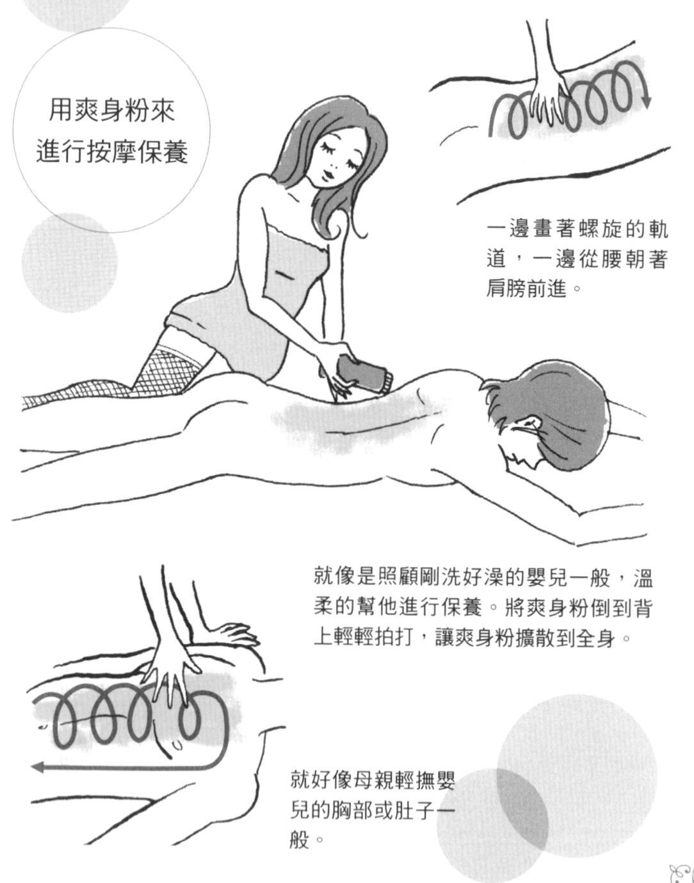

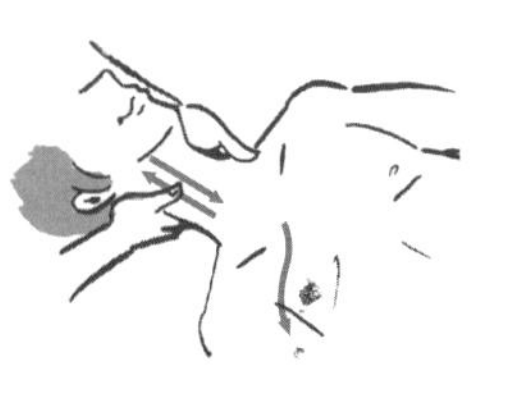

將手放在脖子後方，用拇指中央輕輕摩擦後頸。鎖骨部分可以用手掌溫柔的摩擦，促進血液循環，讓全身暖和起來。

先用手掌從肩膀到腰部慢慢撫摸。然後用拇指沿著肩胛骨移動的感覺來進行撫摸，使肩膀與背部僵硬的肌肉放鬆。

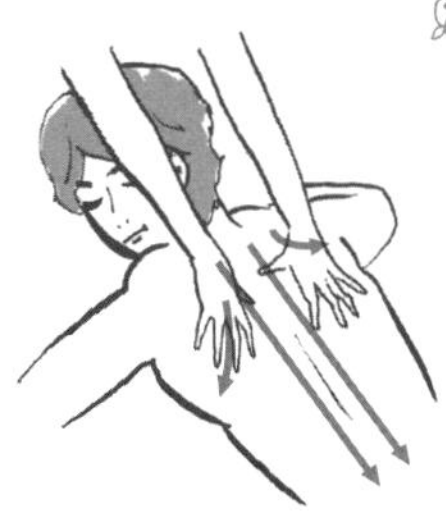

用按摩油來按摩保養

把自己當作美容師，幫他進行全身保養。想要提高雙方的興奮度時，這將會是相當不錯的演出。

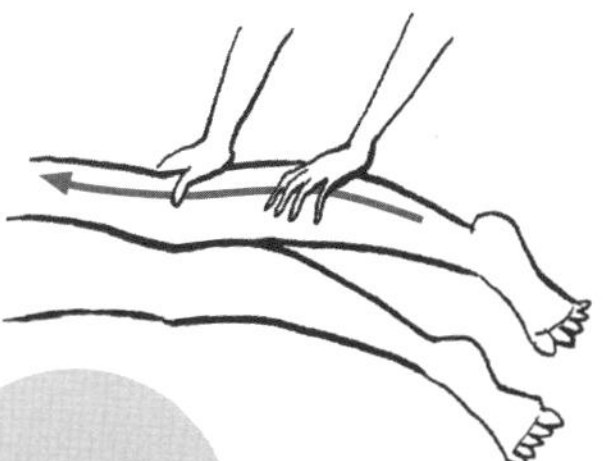

腳的內側有許多性感帶，愛撫的效果極佳。從腳踝往臀部慢慢的往上推。

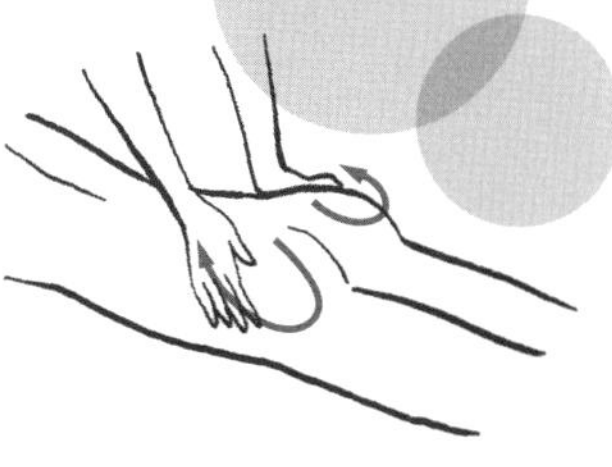

從臀部中央往外側，以畫圓的方式撫摸。在此力道可以強一點也沒關係。

不要忘了享受枕邊的對話

射精後的男性，會充滿倦怠感與虛脫感，有些人甚至會非常想睡。如果說出男性的真心話，他們其實會想要就這樣睡著吧，不過他們同時也很清楚這樣會引起女性的不滿。此時妳所能做的，是盡量減輕他的負擔。不要一臉「陪我嘛」的表情對他做出強烈的自我主張，或是反過來丟下他不管，一個人匆匆前往浴室。請跟他一起用緩慢的步調享受枕邊的對話。

另外，不過是上床一次兩次，就覺得「他已經屬於我」而露骨的展現出過度親密的態度也是不行的。男性最不喜歡這種類型的女性。就算是在事後，也不可以忘記為對方著想的心情、害羞跟青澀的感覺。

安撫對方的枕邊對話

辦完事後，是讓兩人更為親密的大好機會。在此請千萬注意，不要露出「你會負責對吧？」的態度。這會讓他覺得妳是個沉重的負擔，讓求婚離妳越來越遠。也千萬不要拿出「我們將來有什麼打算？」的話題。

在他的懷中露出恍惚的表情

想要虜獲他的心，就要給對方順從的感覺。就如同被寵愛的貓咪一樣，越是對他撒嬌，他對妳就越來越愛不釋手。

有時將他擁抱在懷中

當兩人關係親密到一定程度後，如果他是會向妳撒嬌的類型，交換一下角色也不錯。好好的疼愛他一番。

用「你是唯一一個」來將求婚拉近

男性心中理想的女性，是「只屬於自己的女性」。比起會對其他人做一樣事情的美女，只為自己著想，只對自己露出特別笑容的普通女性，在他們心中有著更高的地位，愛情當然也更勝一籌。成為他心中的第一名，正是必須要給他這個印象。若是心中抱持著有「欺騙他」或「說謊騙他」的想法，絕對做不到這點。如果沒有為對方著想的真心，這種行為也只不過是一種欺瞞，馬上就會露出馬腳。

沒有付出真心，不過是在口頭上說說，不可能有辦法讓對方感覺到誠意。在床上擁抱對方的身體，打從心底覺得他是妳最重要的存在，此時相信妳會很自然的就開口說出「人家只有跟你在一起的時候才會這樣哦」。我個人打從心底希望妳能用這種心情來與對方做愛。不過在此有一點必須注意。這點非常重要，所以請容許我反覆叮嚀。

那就是「虜獲他的心並不代表讓他見識妳做愛的技術」。

不管你再怎麼愛他，再怎麼打從心底說出「只有對你這樣」，男性對於「其他男人教你的技術」都極為敏感。有著優秀性愛技巧的女性固然非常有魅力，但男人並不想在床上看到其他男人的影子。男性所追求的是「只屬於自己的女性」。因此不論何時，都不可以忘記害羞跟青澀的感覺。這可以說是讓他向妳求婚的必備條件，是極為關鍵的重點。

因此，妳必須在心中將過去的男性經驗全部歸零，讓自己進入處女模式。要虜獲他的心，並不須要打從一開始就是個性愛技巧高超的人。」自己完全成為他心目中「只屬於自己的女性」，讓他以為自己是在他的教導下成長學習。

用自慰來提高嫵媚感

許多女性會對自慰抱持著罪惡感，但這其實沒有什麼好覺得丟臉的。正因為女性也有性慾，所以才能實現幸福的性愛。自己滿足自己健全的慾求，沒有必要為此感到猶豫或罪惡感。

自慰可以透過刺激自己覺得舒服的部位，來調整荷爾蒙的平衡，還可以促進血液循環改善手腳冰冷的症狀。像這樣刺激女性荷爾蒙還可以讓皮膚增加彈力與潤澤感。我們也可以說，自慰會讓人變美。

就如同珍惜妳最心愛的他一樣，讓我們對自己的身體也不要忘了疼愛的心。

透過自慰讓身體習慣性愛

用解放自己內心的感覺，盡情的撫摸。一邊放鬆一邊傾聽身體的意見，讓捕捉快感的感性增加。自慰時，不用拘泥於性高潮。按照當日的氣氛，用自己覺得舒服的方式來享受。

用手擺出往下的V字形手勢，往肚臍的方向拉，可以比較容易觸碰到最敏感的陰蒂。

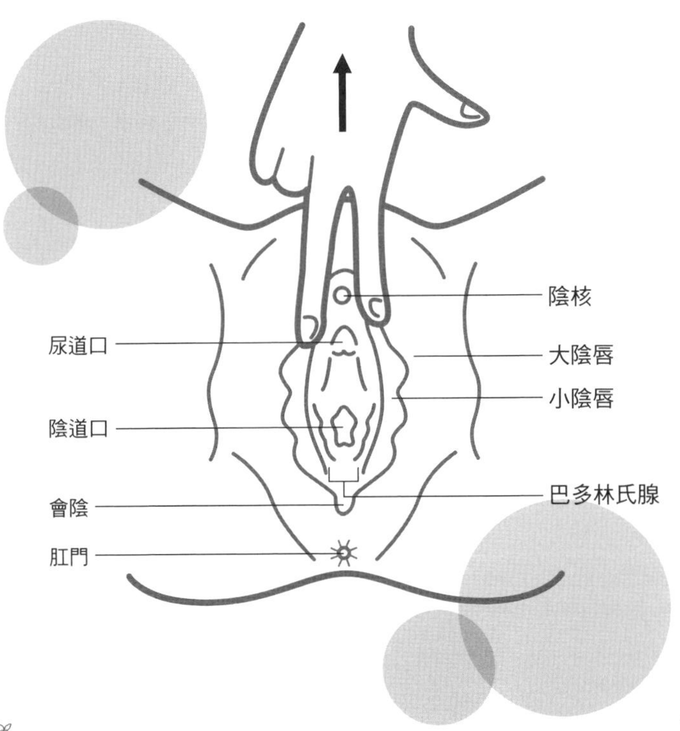

Colum 4

活用內衣風格扮演淑女跟娼婦

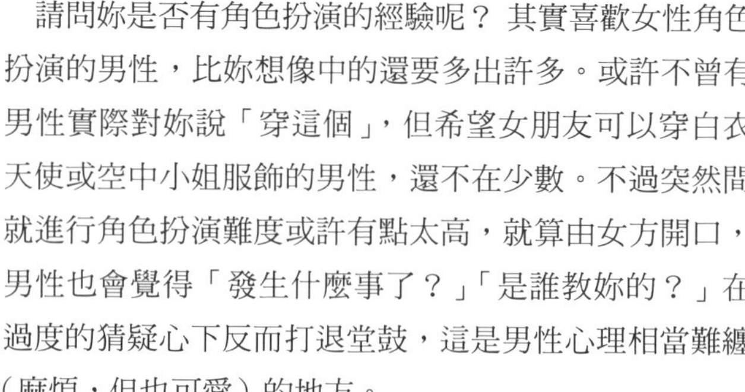

請問妳是否有角色扮演的經驗呢？ 其實喜歡女性角色扮演的男性，比妳想像中的還要多出許多。或許不曾有男性實際對妳說「穿這個」，但希望女朋友可以穿白衣天使或空中小姐服飾的男性，還不在少數。不過突然間就進行角色扮演難度或許有點太高，就算由女方開口，男性也會覺得「發生什麼事了？」「是誰教妳的？」在過度的猜疑心下反而打退堂鼓，這是男性心理相當難纏（麻煩，但也可愛）的地方。

在此，我建議妳可以從內衣開始。內衣可以在不經意的狀況下更換，在床上有著相當好的戲劇性效果。嘗試使用顏色、材質、設計來分類，試著炒熱當天的氣氛如何呢？

♥按照類別使用不同技巧♥

秀氣的淑女風格＝「清純」是男性永遠的憧憬。白色、水藍色的蕾絲，點點花紋在男性之間都有相當高的人氣。據說「越是清純，越想讓人親手染上快樂的顏色」。

挑逗性的娼婦風格＝黑色是基本中的基本，跟吊襪帶組合更是效果極佳。若想強調大膽的感覺，紅色也是不錯的選擇。熱情的顏色最適合用來挑逗男性本能。

純真的少女風格＝內衣跟內褲組合花邊的細肩帶背心，可以讓妳更加可愛。當兩人想在床上慢慢嬉戲時使用。

Part.5 俘虜他的絕頂床上技巧

兩個人一起向前邁進

請問妳平常做愛時是什麼感覺呢？做愛時能夠讓妳有幸福的感覺嗎？妳跟他的關係，目前是處於哪個階段呢？準備結婚、等待求婚、還是才剛開始交往不久呢？說不定也有些是為了找不到對象而煩惱。不過不管妳跟他的關係發展到哪一個階段，大家心中應該都希望能跟他建立良好的關係、彼此間想要維持良好的關係、並建立幸福的婚姻。

性愛所能帶來的，並不是射精或高潮的快感。做愛並不是用來追求單方面的肉體性快感，而是雙方都用為對方著想的心情讓心靈與心靈接觸，透過「被愛的喜悅」跟「被追求的歡喜」來得到感動。這才是理想的幸福性愛。要是能建立這樣的關係，妳的人生一定可以變得更為充實。而已經覺得「我跟他天衣無縫」的人，也可以共同享受更進一步的歡喜，來邁入更高的境界。

因此，互相珍愛是非常重要的。在此我們將介紹一些在關係變得更為親密時可以派上用場的技巧。其中或許有人會覺得「都已經到了這個地步，不用知道這些也沒關係」或是「他應該已經對我死心塌地」。但性愛這個溝通方式有著無限的可能性。有時難道不會想嘗試不同的做愛方式嗎？不會覺得想跟他一起得到更大的快感嗎？

為此，我希望你能先一時捨棄過去的主觀想法，學習打從心底享受快感所須要的正確知識。

對「千載難逢的男人」心懷感謝

目前為止跟我有過肉體關係的男性，超過千人。這個數字絕對不在少數，但之中能讓我打從心底感到快樂的，只有一位。一直到與他相遇之前，我在床上也都是在演戲。過去的我以為，這樣可以讓男人高興。不過與他相遇，讓我從這個迷思中解放出來。這位男性並非擁有超高的性愛技巧，或是雄偉獨特的性器官。我之所以斷言他是「千載難逢的男人」是因為感受到他的真心。珍惜我到讓我感動的地步。

跟他做愛，並不是打從一開始就懷有什麼特別的期待感。很普通的上床，很普通的通過一般流程。不過在愛撫之前，他將我冰冷的雙腳抱在胸中給予溫暖。這點讓我非常的感謝。

總是手腳冰冷的我就算是到床上，身體也不容易變暖。特別是腳尖，有時從頭到尾都是冰冷的狀態。可是他卻抱住我的腳，一直到溫暖起來為止。在這之前我跟許多男性上過床，但在開始前對我這樣做的，空前絕後就只有這麼一位。

我舉這個例子的意思並不是要你「去找出千載難逢的男人」，而是希望妳也能跟他一起體驗我所感覺到的這份感動。

「性愛即生活」。不管有什麼樣的技術，要是沒有為對方著想的心，則還是一樣讓人掃興。必須有著想讓他更舒服，想跟他一起感動的真心，才能也讓他感覺到這份心意，成為幸福的性愛。

讓歡愉時光增加的減法型技巧

如果一直都用一樣的流程，一樣的感觸重複一次又一次的性愛，不管是再怎麼樣的天作之合也會產生倦怠感。就如同妳最喜歡的食物一樣，如果每天只吃這道菜，任誰都會想要換個口味試試。

我們可以對習慣性的流程加上一點小變化，來防止這個倦怠感。比方說在作愛時轉換一下視點，或是嘗試不同的服裝或小道具。

另外，雙方都以熱情的方式積極追求對方固然是很美妙的形態，但有時多花點時間慢慢愛撫對方，開發新的性感帶也是不錯的建議。

相反的，捨棄平時的慣用模式也是一種方法。不採用增加，而是用減法來享受性愛。比方說將眼睛矇住，就是用減法將視覺去除。將耳朵塞住，就是用減法將聽覺去除。像這樣將部分的感覺遮斷，可以讓其他感官更為敏感。這是因為身體企圖用其他感官來彌補被遮斷的情報來源。我們可以藉此引發更為敏感的反應，得到意想不到的快感。

另外，如果平時總是愛撫之後馬上插入的話，則可以嘗試在此故意延後看看，這一樣也是一種減法型的技巧。在這之前我們已經重申過好幾次，「好像可以得到卻又得不到」的勾引方式非常值得活用在性愛上。「吊胃口」對於引發更為強烈的慾求，有著極佳的效果。

就如同每個人對於肉體觸碰跟愛情表現有著不同的喜好一樣，每一對伴侶都有著只有他們才能享受的做愛方式。請用加法組合減法，找出過去不曾體驗過的快感。

如何分辨危險的男性

偶爾會有一上床整個人就變得完全不一樣的男性存在。我個人過去也有過幾次慘痛的經驗。跟上千名的男性有過關係，其中難免會有一些危險的對象，當然也曾經被DV（家庭暴力）男整的慘兮兮過。對於拿著這本書的妳，我由衷的希望可以避開這些不避要的風險。

所以請務必學會在此所介紹的，可以從約會階段就分辨男性是否有問題的方法。基本上對方是位怎樣的男性，一起吃飯就可以了解個大概。我個人認為從在一起用餐的階段，做愛的前戲就已經開始。就如同「性愛即生活」一樣，我們也可以說「用餐即生活」。如同做愛方式會展現出一個人的個性一般，用餐的樣子也會反應出一個人的特色。最痛苦的莫過於跟不享受兩人間對話，也絲毫不考慮對方心情的人一起用餐。

在此請試著將用餐的感覺直接換成做愛。這樣應該就可以了解我要說的是什麼了吧。
每個人對於「危險」都有不同的定義，不過有著以下幾點特徵的男性，我個人認為可以當作「得多加注意的男性」跟「地雷男」，請多多拿來參考。

關於別人的話題特別多（我的朋友是○○，我父親的朋友○○等等，總是拿別人來自豪的男性，不是對自己沒有自信，就是本身沒什麼大不了的）。

總是拿自己所擁有的物品來炫耀（把物品看得比人還重要的男性，大多會將女性也當作收藏品來看待）。

拿自己變態般的體驗來炫耀（把標新立異誤以為是帥氣，因此會很棘手）。

對於手機的響鈴非常敏感，每次都會問「是誰打來？」（佔有慾太強）。

絕頂的掌上技術

肌膚與肌膚的接觸，是讓兩人交心的第一步。一般來說男性的興奮是「一直線往射精邁進」，但女性的興奮則是「在海浪間飄浮」的感覺。在此我們試著將男女位置交換。

如果妳用溫柔且祥和的方式撫摸，他應該也能理解到女性平時所感覺到舒適感。而他的愛撫技術應該也可以藉此更為提升。「對他做出希望他可以做的事情」，這個簡單的道理是絕頂妙招的基本。

在愛撫之前請將手溫熱。冰冷的雙手會讓對方起雞皮疙瘩，一點都不舒服。這點一般相當容易被忽視，請多加注意。

男性生殖器的主要構造

為了對他有更進一步的理解，讓我們來看一下男性生殖器的構造。男性生殖器本身沒有骨頭，是由海綿一樣的組織（海綿體）所構成。興奮時血液會流到海綿體內，使它變硬。也就是進入勃起的狀態。

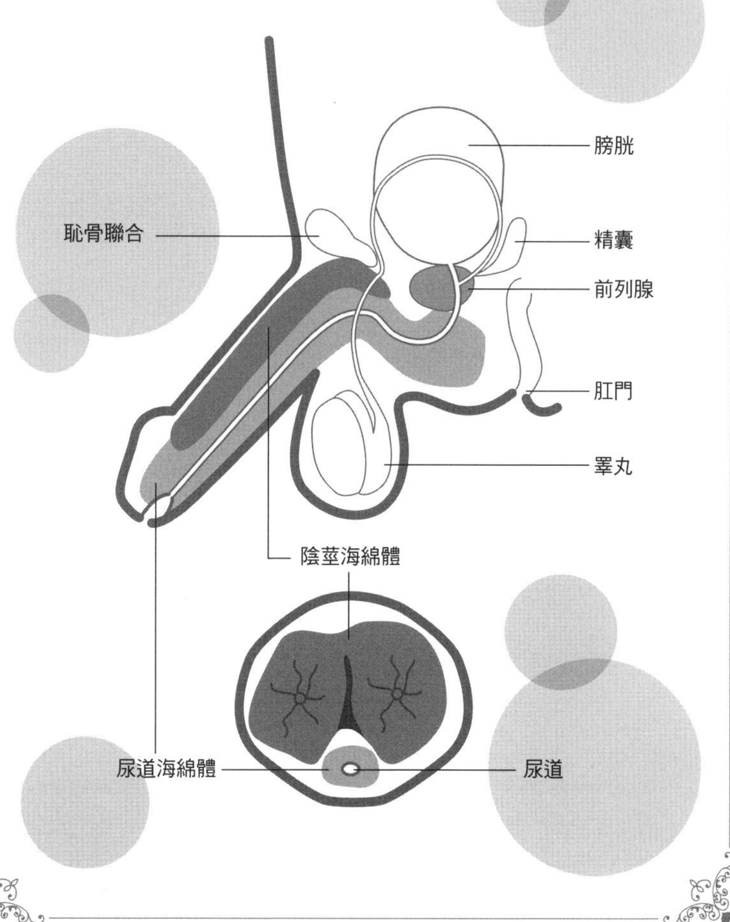

愛撫性器的方法

溫柔的觸摸性器，藉此來填滿他的內心。這是會讓妳得到快感的重要部分，因此讓我們用憐愛與慰勞的心，溫柔的包住它。請用「所有人之中我對你最溫柔」的心情觸摸。

男性生殖器的俗稱

在說明技巧之前，讓我們來看一下男性生殖器官的俗稱。

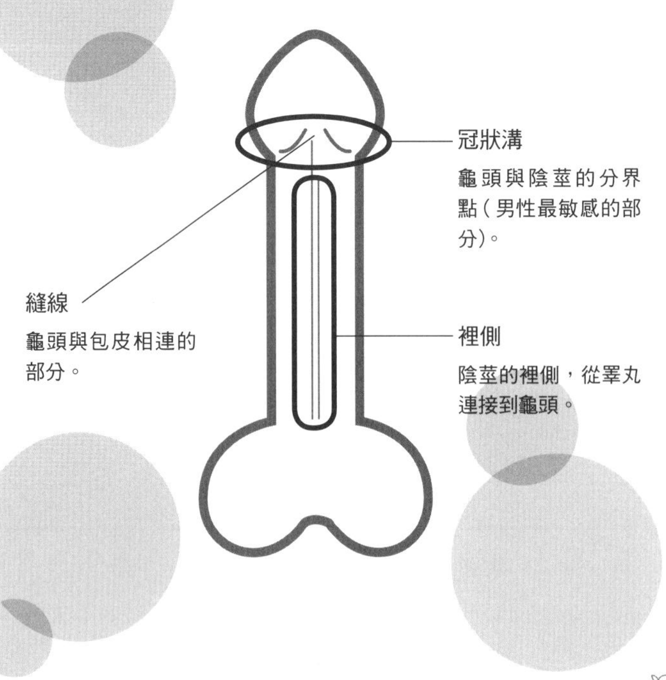

還不習慣時的握法

以慣用手（在此假設為右手）用捏起來的感覺輕輕將勃起前的陰莖拿起。接著用左手將男性器的根部托起，用右手溫柔的握住。一邊用羞怯的表情以「這個感覺可以嗎？」表現出猶豫一邊進行觸摸。

試著讓手移動

試著慢慢往左右移動。隨著硬度增加，慢慢增加搖晃的速度。此時可讓右手手腕固定，對陰莖施加短間隔的振動。一邊確認他的反應，一邊讓振動產生變化。

一邊愛撫龜頭
一邊給予刺激

用左手按住陰莖根部，讓手掌與龜頭貼在一起，溫柔的搓揉進行愛撫。手掌若是沒有潤滑會產生痛楚，因此可以使用自己的唾液、對方的愛液、或是乳液（給關係較為密切的情侶。若是交往還不夠深，最好不要使用）。

上下移動
來刺激冠狀溝

用拇指跟食指圍成一個圈，附著在冠狀溝上，用短間隔來上下移動。順著這樣對陰莖整體進行上下運動，就會是一般所謂的「手淫」。速度越快，他的興奮也越高，但要注意動作太強有可能會產生痛楚。

絕頂的唇部愛撫技術

肉體觸碰不只是手，還可以用嘴唇來進行。女性柔軟的嘴唇，是撫慰他的最佳工具。用親吻全身的感覺，來給他妳的愛。而使用舌頭的愛撫也是男性的最愛之一，不過必須注意乾掉的唾液會造成異味。在此介紹「SexualAcademy」所傳授的秘訣之一「讓上半身乾燥，下半身濕潤」這可以說是唇部愛撫的真髓。對於從腰往上的部分使用吐氣、輕撫跟吻來進刺激，下半身則是在口中含有唾液之後，用舌頭來進行愛撫。

要讓他感到快感，可以對在身體上以畫曲線的感覺，跟往內側進行刺激。試著在他的背上、肚子上、大腿內側蛇行來進行觸碰。不要忘了「不快不慢，確實撫摸」的這個基本原則。

用嘴唇來給他愛

試著用妳柔軟的嘴唇來給他愛。習得「Sexual Academy」的口交真髓，來讓他進入舒服的恍惚之中。另外，就跟用手進行愛撫時一樣，基本上要溫熱後再來進行。在事前洗澡時，或是用茶水來溫熱自己的口腔。

Sexual Academy的口交真髓

真髓1★上半身不濕

乾燥後的唾液是造成異味的原因，因此我們建議對於上半身盡量使用嘴唇觸碰，不要沾到唾液。用輕輕愛撫的感覺輕吻背或腹部，一邊吹氣一邊慢慢的上下移動。

真髓2★下半身濕

在口中含著唾液，用嘴唇跟舌頭進行濕潤的愛撫。維持與性器幾乎觸碰的距離來進行往返是「吊胃口」的秘訣。在妳的挑逗下他將會越來越興奮。實際對性器進行口交前的愛撫，要特別著重在這類的吊他胃口上。

真髓3★親吻全身

讓他趴下，對於沒有防備的背部用憐愛的感覺來進行愛撫。試著用從腳尖不斷往上的感覺來嘗試看看。在背後唾液的異味也比較不明顯，因此也可以使用舌頭。

他的性感帶在哪裡？

大腿內側有著許多容易感覺到快感的部分。可以用嘴唇以若有似無的碰觸來進行愛撫，或是用舌頭直接舔，並加上各種變化。另外也建議有時用吸的，有時輕咬。

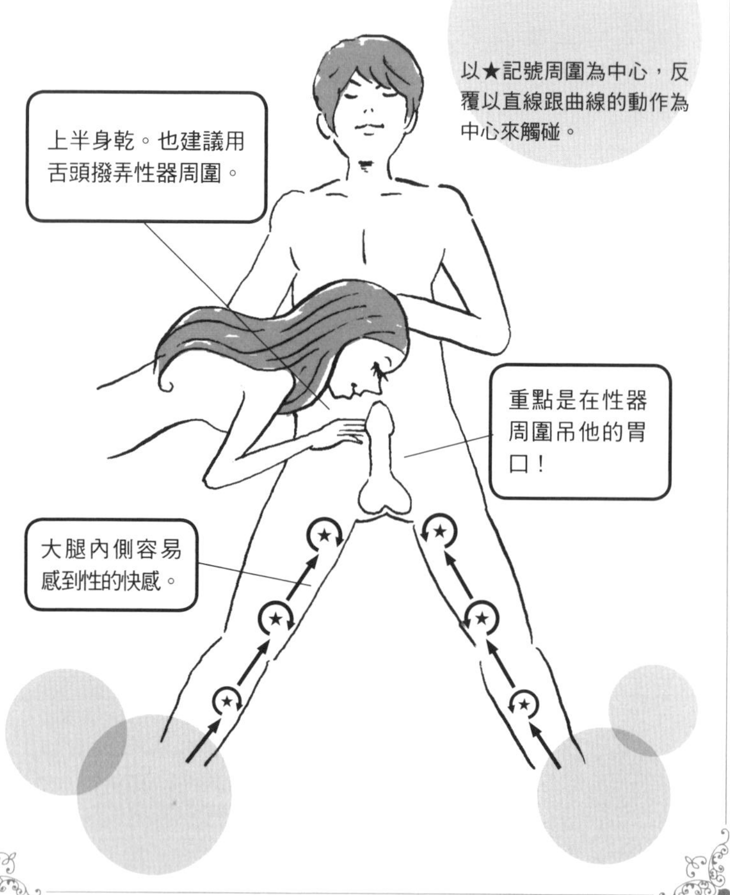

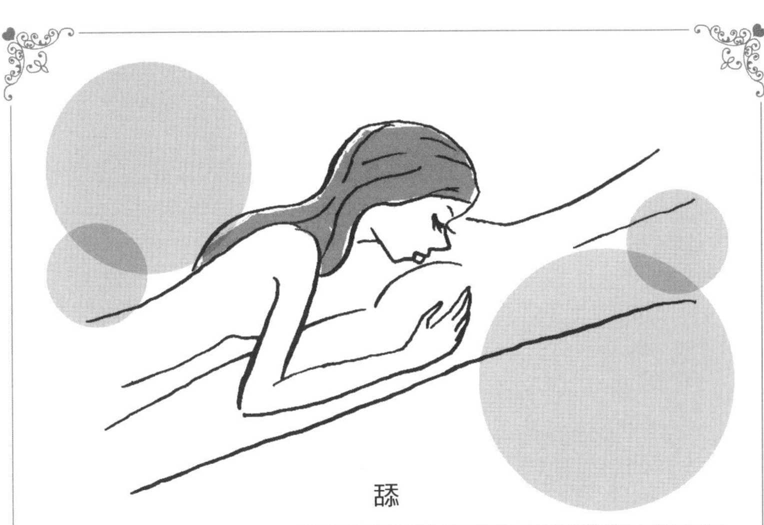

舔

用整個舌頭舔性器或肛門周圍，或著讓舌頭以簡短的間隔震動，重點是讓刺激產生變化。無法預測的動作，有著提高期待與興奮的效果。

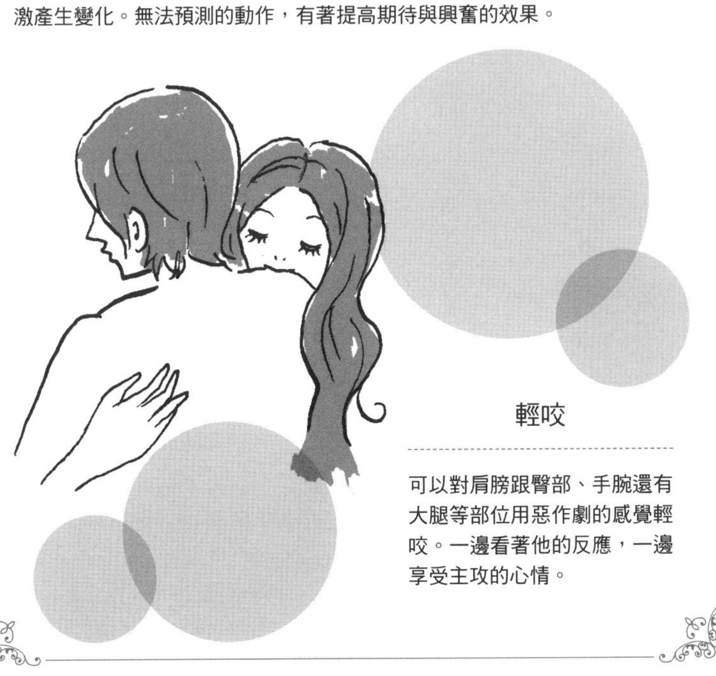

輕咬

可以對肩膀跟臀部、手腕還有大腿等部位用惡作劇的感覺輕咬。一邊看著他的反應，一邊享受主攻的心情。

絕頂的口交技術

許多男性會在做愛時開口要求「希望可以進行口交」。就女性方面的意見來看，幫他口交的感覺是「可以讓他非常高興」「在口中的觸感相當有趣」。就男性一方來看則是「讓人實際感覺到愛」「跟插入相比有著不同的安穩感」「她的樣子惹人憐愛」等等。這並非我個人的經驗，而是向周圍詢問的結果，因此就某種程度可以當作一般的想法。不過也會有對此感到不愉快的女性。我覺得沒有必要勉強自己去喜歡它。重要的是有沒有「要是能讓他高興的話……」的心意。

另外，不可以交往沒多久就讓對方感到「怎麼好像很熟練的樣子」。因為如果突然間太過熟練的話，會讓男性感到「是其他男人教妳的嗎？」而引發妒嫉心。

在第一次為他口交時……

STEP 1

在他開口要求時反問「該怎麼做呢？可以教我嗎」。從側面靜靜的接近，並在性器前讓手停下來。此時就算性器沒有勃起，也不可以主動進行刺激來讓它站起來。讓自己徹底扮演「不曾進行過口交的女性」，接下來的動作是等他來帶領。

STEP 2

在他的誘導下，有點不情願的將手放到性器周圍，然後讓嘴唇靠近。

STEP 3

不可以突然就含入口中。先從用嘴唇輕輕觸碰開始。

※ 第一次時千萬不可以突然就進入69的體位，也不可以將臉埋在腿間。請注意不要一不留神就做出這些動作。

口交的基本技巧

口交的真髓之一，是開始前先將口中溫熱。尤其是在天氣太冷的時候，可以先含一口溫水。另一個重點是「徹底的吊他胃口」。就算被他催促，也不可以馬上就放進嘴裡，用「希望我怎麼做呢？」「是這樣嗎？」（不用發出聲音，在心中默問的感覺），盡情的將時間花在性器周圍。

STEP 1

在終於要將重點移到性器之前，先輕吻性器。

STEP 2

一邊溫柔的握住，一邊沿著裡側往上舔。可以用舌尖或是舌頭整體，另外也可以在速度上做出變化。

STEP 3

將龜頭整體含入口中，與口內緊密貼住。別忘了先在口中含好充分的唾液。含住後讓嘴巴上下移動，或是用舌尖在龜頭周圍遊走，並同時讓嘴巴吸住整個龜頭。

口交的種類

請將性器當作冰棒，用慢慢享用的感覺，以各種不同的方法來進行口交。用舌尖、舌頭全體舔弄，再加上自己想使用的各種移動方式等等。要讓他打從心底感到恍惚，妳也必須要打從心底覺得「我最喜歡你了」，並且溫柔的對待他。

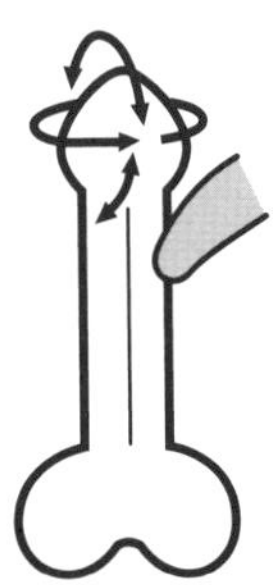

將重點放在龜頭跟冠狀溝

將舔弄的重點集中在龜頭前端時，請讓舌尖硬起來進行撥弄。對於冠狀溝周圍，可以讓舌頭整體以畫圓的方式舔弄。冠狀溝跟縫線，是男性最敏感的黃金地帶。

舔弄整個性器

如同箭頭所指示的，讓舌頭上下左右的移動，仔細舔弄整個性器。讓舌頭移動速度忽快忽慢，可以提高他的期待。特別是從肛門到陰囊的部位（會陰），還有陰囊到龜頭的部分（裡側）可以讓他的興奮度達到最高。

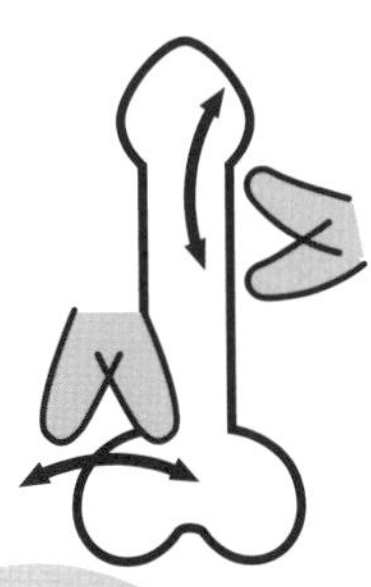

請小心別去咬到

讓上下唇往內來包住上下的牙齒。這樣可以避免牙齒去觸碰到性器。

總有一天可以使用的高級技巧

就算不喜歡「口交」的女性，如果由他開口說出「請幫我口交」的話，最好還是要做出回應他期待的努力。如果打從一開始明確的用「我不要」來回絕的話，不是會讓他很傷心嗎？ 順著他的帶領，慢慢進行嘗試也是一種愛情表現。在此介紹我所使用的高等技術。適合已經交往很長一段時間的情侶，千萬別在剛認識不久的時候使用。

讓舌頭貼緊後上下移動的「真空吸吮」

讓舌頭中央形成凹陷（感覺就像是用舌頭貼在湯匙的背面），來吸附在性器上。維持這個狀態，緊密吸住來上下移動。在吸吮性器時，要注意別讓牙齒去碰到。秘訣是先在口中含著大量的唾液。

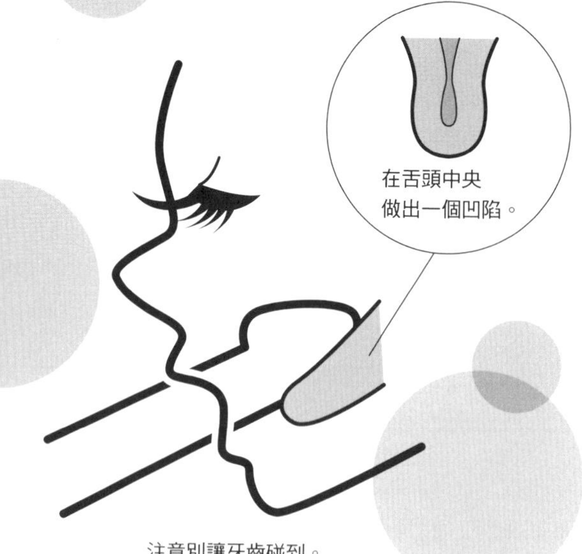

注意別讓牙齒碰到。

用他所希望的姿勢來進行

在進行口交時讓他看到妳的表情，對於滿足男性的視覺性慾求有著極佳的效果。許多喜歡口交的男性都表示「這樣可以直接感受到自己被愛的感覺」。比起技術本身，讓他看妳努力的樣子，用表情跟動作更可以虜獲他的心。

讓他坐著

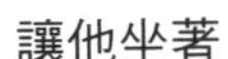

在他面前跪下的感覺，可以刺激男性的支配欲。也是可以讓他把妳當作「專屬於自己的女性」的位置。

讓他躺著

移動到躺著的他的兩腿之間，舔弄或是吸吮。放鬆且祥和的氣氛有著極佳的撫慰效果。別忘了偶爾也要確認他的反應。

讓他站著

這個位置可以給他「我屬於你」將身心都奉獻給他的感覺。妳也可以稍微享受一下自虐的快感，一起提高感官的興奮度。

用撩人的姿勢以視覺迷倒對方

女性的場合，主要會對觸覺跟聲音感到興奮，相較之下，男性的興奮則是以視覺性的刺激為主。從色情書刊、影片、性工作者女性的服裝等，我們都可以看出這點。因此做愛時看著妳感受到快感的表情跟動作，還有胸部搖晃的樣子，都可以讓他越來越興奮。

在此，讓我們介紹一些可以迷倒他的做愛體位。看著妳羞澀並因為快感而擺出撩人的姿勢，一定可以讓他比平時更為興奮。

不過這是給「已經做愛好幾次」「希望可以兩人更加享受性愛」的情侶使用的技巧。千萬別催促剛認識不久的男性使用這些體位。

用視覺刺激讓男性興奮

妳越是感到羞恥，他就越是覺得「我要讓妳更加沉醉在快感之中」。羞恥是提高快感最好的調味料。平時就在鏡子面前研究自己的胸部跟腰部曲線、表情，看在什麼角度下看起來最美。這是在床上讓他覺得「真是個好女人」的機會。

正常位的變化版

最適合迎接對方性器的姿勢。將膝蓋彎曲，盡量將雙腳張開。在腰下墊個墊子讓女生的性器朝上，可以增加兩人的密合度並讓他比較容易看到結合部位，提高刺激。

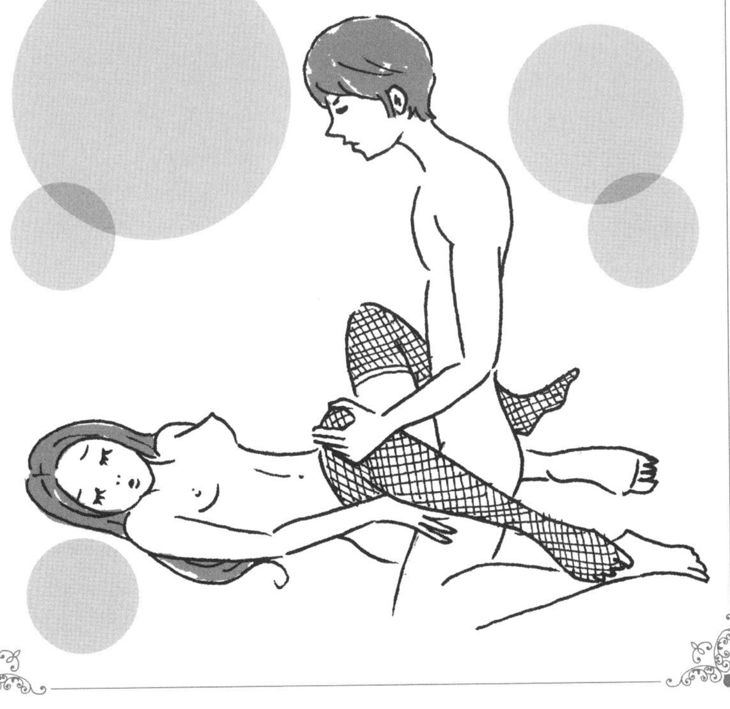

從背後進行的變化型騎乘位

STEP 1

可以讓女性擺出毫無防備的姿勢，又可以用眼睛確認到結合的部位，藉此滿足男性的支配欲。女方則是配合對方性器的位置將臀部推出，盡量讓背部弓起，以強調身體性感的曲線。

STEP 2

一邊維持住兩人結合的部分，一邊由女方將上半身抬起來成為跪姿，男性則是滑入女性下方（女性頭部方向）將兩腳伸直。隨著女性擺出前傾的姿勢，肛門也會被男性看到，提高他的興奮度。

從座位讓上半身後仰

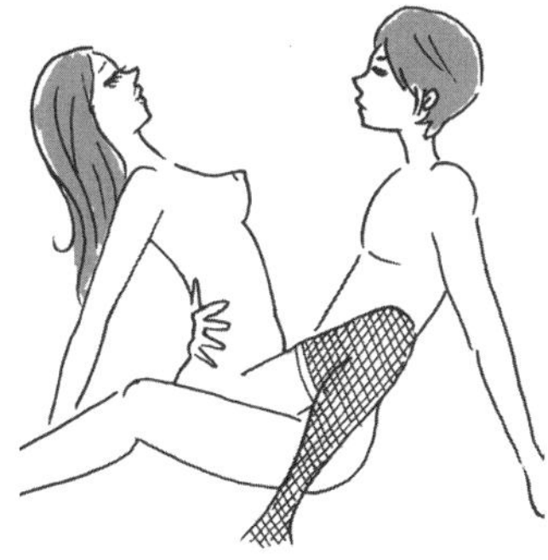

STEP 1

面對面的坐下（男性將雙腳伸長，女性則是彎曲雙腳坐在男性上面）來進行插入，這樣的姿勢稱為座位。可以在行為中很自然的接吻或四目相對，自然的享受肉體的對話。在這個姿勢下男性器官比較容易插入女性深處，可以用輕鬆的姿勢維持較高的敏感度。

STEP 2

維持下半身的結合，男女雙方都將手按在後方讓背往後仰。除了讓結合部位露出，提高男性視覺上的刺激之外，還可提高結合的深度，增加快感。其他還可以讓女性頸部到臉部的曲線看起來更加美麗。

從騎乘位到互擁

STEP 1

讓男性比較不吃力的體位，並且可以從下方觀看女性胸部。女性以面對面的姿勢跨坐在男性身上。此時與其上下，不如前後移動更可以刺激到陰蒂，得到快感。扭腰時的性感動作也可以增加男性的興奮。

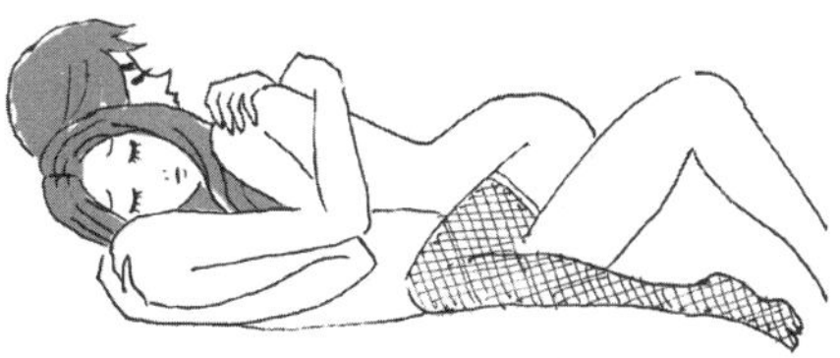

STEP 2

一邊維持下半身的結合，一邊由女性向前倒下，抱住他的頭或胸部。隨著女性胸部與臉龐的接近，給予男性的視覺性刺激也會跟著提高。

如何有技巧地被動

關於性愛的話題，女性之間雖然某種程度可以說出心底話，但跟男性面對面的話則很難開口。因此就讓我們在此介紹一些，由我代替妳們從各種男性口中套出來的老實話。

拿著這本書的妳最想要問的問題，當然是「做愛時應該怎麼辦，才會讓男性想要娶自己當新娘？」吧。

首先，讓男性覺得做起愛來最不愉快的女性，是所謂的「死魚」（＝完全沒有反應，做起愛來一點達成感也沒有）。性愛是兩人透過肌膚之間的接觸來確認愛情的溝通方式，男性會對完全沒有反應的女性抱持這樣的想法，當然可以理解。只是躺在那邊，不論是愛撫還是插入都沒有反應，就男性的觀點看來根本無法確認到底是舒服還是不舒服。將這個狀況比喻成對話，就是對方面無表情沒有任何反應，根本無法進行溝通。

另一方面，會讓男性感到高興的則是「反應良好的女性」。除此之外還有以下的意見。（　）之中是女性代表（我個人）的感想。「羞澀的表情跟感到不好意思時的動作讓人按捺不住（羞澀的反應是男人的最愛）」「要對方幫自己口交時，生疏的動作會產生安心感（讓人覺得女方經驗並不豐富）」「想成為對她來說做愛最舒服的男人（可以得到自己比其他男性更優秀的自信）」。

整理這些主要的意見，我們可以得到以下結論。「基本上由男性來主導」「對於自己所做的事情，都盡量以高興的態度接受」「技術不要是0也不可以是100」。

因此我給妳的建議是「成為懂得在做愛中怎麼採取被動態度」的女性！另一個則是「技巧一點一滴的秀給他看」。一路讀到這裡的妳，相信都已經很了解這兩點。

「青澀」的秘訣

從妳第一次跟人做愛之後，到現在相隔了多久呢？之後跟什麼樣的男性，累積了什麼樣的經驗呢？想不出答案的人，沒有必要努力去思考。越是想不起來的人，我越是建議她們將所有一切全都忘掉。在此想要知道的不是妳第一次的時間，也不是經驗有多豐富，而是妳的「青澀度」（處女度）（雖然「回答不出來＝處女」的方程式也能成立，但我們在此先將這個可能性擺到一旁）。回答不出來的人，相信大多屬於距離第一次「已經有相當一段時間」比較起來屬於「經驗豐富」的人（如果不是的話，請容許我在此道歉）。這樣的妳所須要的，是將過去所學到的技術全都先封印起來。然後「在任何情況下全都先表現出猶豫的感覺」，這就是「青澀」的秘訣。目前妳所須要的技巧，其實就只有這兩樣。

第一次讓他幫妳口交

第一次面對男性用口部愛撫妳的私處時，女性越是覺得害羞，男性口交的意願就越高。反應越是青澀，就越可以給男性「屬於自己的女人」的印象。將目前為止的經驗全部歸零，扮演沒口交經驗的處女吧。

STEP 1

一切全都交給他來進行，扮演一個對於接下來會發生什麼事完全沒有頭緒的青澀少女。

STEP 2

當他將臉移動到自己的雙腿之間時，將雙腳硬生生的閉起來拒絕他。並說出「討厭，好丟臉哦」「人家沒有被這樣過嘛」等台詞，能給他妳是第一次經歷這種體驗的印象。

STEP 3

一邊接受他，一邊說出「人家受不了了」「第一次有這種感覺」等，對於快感感到困惑的台詞。

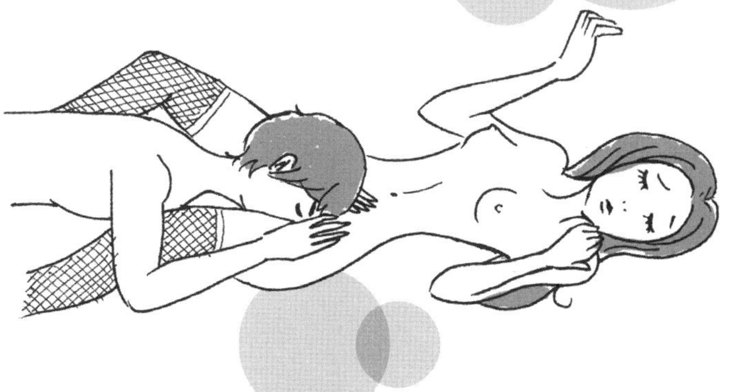

如何有技巧地主攻

有技巧地主攻，並不是要妳「把自己當作男性，採取男人的行動來做愛」。請記住「主動，基本上也是從被動開始」。

另外，偶爾也會有男性若是由女性主攻的話會「縮回去」，因此必須多加注意，先用普通的做愛來調查，他是屬於哪一種類型會比較保險。

在此介紹的主攻方式的真髓，是在兩人自然的發展之中，不知不覺間將位置逆轉過來的狀況。嘗試前請先理解這並不是「由妳扮演ＳＭ女王來欺負他」（雖然有可能在將來發展成這種模式……）。

兩個部位同時會相當有效

在讓女性高潮的男性技巧中，有「三點同時」的技巧存在。這個技巧就如同它的名稱一般，是同時對女性的三個部位給予刺激。一般大多是插入後同時也對陰蒂跟乳頭給予刺激，不過另外也可以是肛門或耳垂等，可以改良成各種不同的形態。將這個技巧轉用在女性對男性給予刺激時使用。不過一開始就突然對三個部位進行刺激或許會有點困難，因此可以先從兩個部位開始嘗試。

一邊接吻一邊觸碰他的性器

就插入前的開場來說有相當不錯的效果。在漸漸提高興奮的階段時，一邊接吻一邊握住男性的性器，可以給他「主導權在我手上」由我主動的印象。

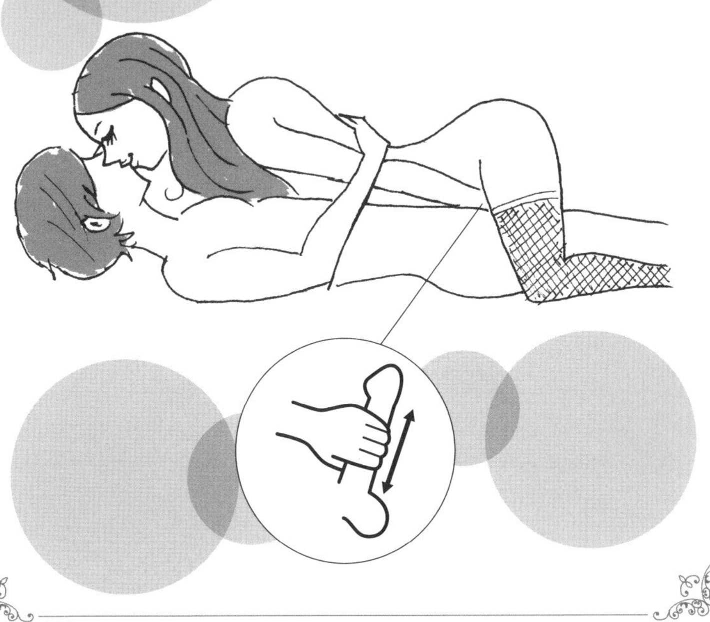

被插入時一邊觸碰

在接受他時，首先撫摸胸部、背跟屁股，然後慢慢將手伸往兩腿之間。一邊用手探索結合部位，一邊嘗試觸碰他的睪丸。用他意想不到的愛撫來將他玩弄於手掌上。

讓他毫無防備

男性讓女性躺下後，將臀部跟大腿高高抬起，俗稱「打樁機」的男女交換版本。男性的兩腿之間會被看個清楚，因此可以一邊煽動對方的羞恥心一邊採取主動。舔對方的睪丸跟肛門，可以享受虐待對方的氣氛。是可以讓M男滿足的體位。

肛門OK？

讓平時總是處於主動立場的男性，轉而成為被動立場最有效果的技巧，就是愛撫肛門。喜歡被刺激肛門的男性並不在少數，不過在還不習慣時有可能會產生痛楚。在進行時請注意對方的反應。讓女性愛撫肛門，也可以讓男性開始意識到兩人是對方「特別的存在」。將手指插入肛門來刺激前列腺，可以讓男性得到跟射精不同的快感。

刺激肛門時的重點

將手指插入肛門時，請使用保險套。將保險套套在食指上，插入時注意不要傷到黏膜，一點一點的深入。注意衛生也是愛護他的表現。

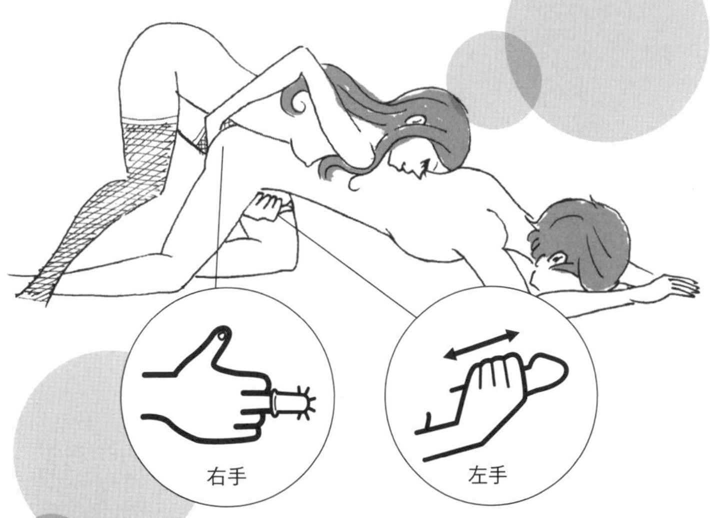

一邊用左手愛撫性器官，一邊用右手對肛門給予刺激，還可以用乳房對背部進行愛撫，是可以讓男性進入恍惚狀態的技巧。將手指插入時可以說出「被人這樣很丟臉吧」等，刺激對方被虐心理的台詞。

用性愛撫慰對方

平時我會在自己開設的「SexualAcademy（性愛學）」講座中，用女性的立場來教授對男性使用的性愛技巧。

男性跟女性在生理上有著很大的不同，構造上也有許多互相「不能理解」的部分。對於男性來說女性如何感到高潮，屬於「不能理解」的領域，對女性來說男性射精的感覺也是「不能理解」。可是這個「不能理解」的部分，正是男女互相理解時的重點之一。

若是打從一開始就完全了解「這樣之後會那樣」的話，我們是否還會對性愛有這麼強烈的興趣呢？恐怕不然。正是因為不了解，人才會想要「更進一步學習」而學習之後才會產生「想要更加理解其中機制」的慾望。

只要妳對性愛抱持著開放的態度，並且有著「想要讓他更舒服，該怎麼辦才好呢？」「想要一起得到更大的快感，有秘訣嗎？」等好奇心，對於性愛喜悅的追求就永無止盡。可是如果這只是單方面的慾求，則會變成自我本位只處理自己慾望的行為。在這樣的行為中就算能得到肉體感官上的快感，也免不了隨後而來的空虛感跟罪惡感才對。

這個道理在戀愛上也是一樣。如果無視對方的想法，只是單方面的跟對方說「我喜歡你」的話，戀愛也無法成立。我之所以會主張「性愛即生活」最大的理由也正是在此。

到目前為止我們介紹了各種性愛的技巧，但其實我最想傳授給大家的，是「愛情」的重要性。只要能學習到這點，相信妳一定可以讓他打從心底得到被人撫慰的感覺。

不可作賤自己

跟最喜歡的男性開始交往之後，腦中浮現「想要跟他做愛」的心情，就女性來說是理所當然的事。如果在妳身上也出現這種想法的話，這絕對不是什麼值得羞恥的事，更不是因為妳特別好色的關係。

不過因為產生這種想法而馬上就跟他發展成肉體上的關係，對妳來說是否是最好的選擇，答案是「Ｎｏ」。再加上如果妳打算跟這位男性「結婚」的話，那我絕對會跟妳說「請等一下」。「絕對不可以作賤自己」這是我20歲在銀座工作時，店內的媽媽桑給我的忠告。

另外這位媽媽桑還跟我這樣講「女性的一年就等於是一粒真珠。好好活一年等於是得到一粒真珠。只有將這一粒粒的真珠好好收集起來的女孩，才能串成一條長長的真珠項鍊。所以不可過著自己將這些真珠丟到水溝般的生活」。請容許我將這句話轉送給妳。如果能自己思考這句話的意思，了解其中真正的涵意，那妳一定可以掌握到幸福的性愛與幸福的婚姻。

妳的身體是無可取代的寶物，用來給予妳最重要的人疼愛。這麼貴重的寶物，不可以簡簡單單就交給自己不熟悉的對象。首先必須看清楚對方是否配得上自己，萬萬不要作賤自己。

在瞬間熊熊燃燒的感情，非常容易就冷掉。遇到這種狀況時必須先退一步讓自己冷卻下來，等到取回正常的思考能力之後再來進行判斷。是否要讓對方求婚，則是在這之後再來決定的事情。

重複跟一夜情的對象進行剎那間的性愛，等於是自己將貴重的真珠丟到水溝去。如果妳因為一時的誤判差點就要做出草率的行動時，請想起媽媽桑給我們的這句話。

Colum 5

招待對方到自己房間時的5個重點

據說「從房間可以看出一個人」，而實際上也正是如此。一個人過著什麼樣的生活，到房間看看就一目瞭然。不管再怎麼努力打扮，再怎麼努力保養外表，如果房間凌亂不堪的話，絕大部分的男性心底還是會覺得「這個女生出局了……」。招待他到自己房間之前的準備工作，從「總之先打掃再說！」開始，這是最重要的基本原則。在此介紹一些馬上就能完成的打掃工作跟演出技巧。

1. 讓使用水的設備保持清潔

只要將廚房跟浴室、廁所打掃的亮晶晶，就可以強調整體清潔的感覺。

2. 將雜貨全都藏在一起

將散亂在地板上的雜貨跟書本全都收到籃子內，並且用布蓋起來，就可以避免給人雜亂的感覺。

3. 將收放碗盤的櫃子整理好

生活的基本在於進食。將收放碗盤的櫃子整理好，可以強調自己在家庭生活方面有著一定程度的基本常識。

4. 花朵跟綠葉

只要在玄關跟桌子、廁所、浴室內設置一朵小花或是綠葉性植物、就能形成清爽且舒適的空間。

5. 間接照明

間接照明的燈光，可以在女性的表情打上微微的陰影，讓人看起來更加美麗。尤其是在床舖周圍，屬於不可缺少的道具之一。

Part.6
成為他最終選擇的
絕頂女性
Gokujo Love Technique

絕不可觸碰的男性的逆鱗

從這個部分開始屬於「到達求婚之前的總復習」，是活用我們介紹的絕頂妙招的最後一課。

不過在活用這些技巧之前，還有一個不得不去注意的重點。那就是事先了解「男性最忌諱的行為」。要是不知道男性有哪些最忌諱的事情，妳為了得到他的求婚而辛苦付出的努力，很有可能在一瞬間付諸流水。以下是我整理出來的男性最忌諱事項的要點，請好好記住，並時時注意別去觸碰到他們的逆鱗。

男性最忌諱的各種事項

♥對他下達各種指示／男人已經不是小孩，開口閉口「給我這樣做」「給我那樣做」的話，會嚴重傷害他的自尊。

♥瞧不起他／「你連這種事都不知道嗎？」「你也太誇張了吧？」等等，千萬不要擺出瞧不起他的態度，或是說出可能給他這種感覺的發言。這很有可能讓長久建立的愛情搖身一變成為憎恨。

♥給他冷冰冰的感覺／收到他的禮物一點也不高興，讓他請吃飯也不說聲謝謝，總是要他買昂貴的東西等等，請不要成為這種只會讓人感到困擾的女性。

♥批評對方的家人／不管過去有過任何不愉快，被人批評自己的家人，任誰都不會感到高興。

♥侵犯對方隱私／不管在任何場合，發生什麼事，都別去偷看他的手機或筆記。不論妳在裡面找到什麼，都只會讓妳陷入不幸。

♥指責他、逼問他／不管發生什麼問題，也不要單方面的用「為什麼？」「你總是這樣」「你怎麼這麼○○」的言詞，自己顧自己說不停的責備他。

只要理解以上這些要點，相信妳們兩人的關係將會越來越好，被求婚不再是夢。

不可否定，而是懇求

男性最討厭的事情之一，就是「被人否定」。把這本書從頭讀到這一頁的妳，應該已經可以理解為什麼。我在此重申一次「要徹底的誇獎男性、把他們捧得高高在上、一路依賴他們到底」，把這當做妳的最高行動原則。任何與這個原則背道而馳的行為，都萬萬不可行！

就算妳跟他說「不要○○！」，基本上男性也不會對他的行為跟個性做出任何改進。反而還會因為「被人否定」而引發他的反抗心。就算女方覺得自己沒有很強烈的要求對方，也很容易讓男性產生這種感覺。跟妳實際指責的內容比較起來，他更會將重點放在被妳否定（就算妳沒有否定他的意思）這件事情上，而受到打擊。

或許妳是因為想要改善兩人的關係才會做出這樣的舉動，但否定他所能得到的，只是更多的煩惱而已。也就是說去否定他只是在浪費妳的時間跟能源，就算希望他有所改變，也只能在一旁靜觀其變。

那當兩人之間發生問題時，難道就沒有解決之道，或是建構更好關係的方法嗎？事實並非如此。不要去否定他，而是去懇求他說「我希望你可以〇〇」。

不過若是他有使用暴力、都不工作、因為賭博而去借錢等行為時，則屬於不同層面的問題。對於這種類型的男性，不論是否定還是懇求都不會有效果，而妳也不用為了他一個人孤獨的煩惱，考慮分手會比較實際。因為這種男性就算能夠一時之間改過，也大多是本性難改，總有一天還是會發生同樣的問題。或許有人會覺得「正是因為這樣他才更須要我的支持」，對此我只能反問「妳認為這樣能夠發展出妳所希望的理想婚姻，進而得到幸福嗎？」。結論，必須由妳自己來下。

偷腥是隨地小便

男性的生理，會在女性很難理解的機制下失去控制。女性雖然會懇求說「希望你只愛我一個人」，但男性還是會因為「無論如何都無法抑制的慾求」或是「一時之間走火入魔」而去偷腥。不過就算如此女性也無法因為「既然是偷腥就算了」而釋懷，反而是覺得「被人背叛」才是理所當然。

可是我個人覺得「偷腥不過是跟隨地小便差不多的生理現象而已」。實際上有人找我商量「他似乎背著我偷腥，雖然他說他只是一時糊塗，但我還是無法原諒他。我是否該放棄結婚呢？」時，我都會回答「因為一次或兩次的偷腥，讓好不容易建立起來的關係被破壞掉是很可惜的」。如果真的移情別戀的話那問題當然很大，但不過是偷腥而已。而就男性的觀點來看，比起「你竟然背著我偷腥，我絕對不原諒你」而吵吵鬧鬧的女性，說出「雖然我無法原諒你背著我做這種事，但你都說不會有下一次了，我願意相信你。但下不為例喔！」的女性，更容易被他們選擇成為結婚對象。偷過一次腥的人，有可能會再有第二次。但也可能不會。妳自己有辦法斷言說，自己將來一輩子都不會有外遇嗎？相信不會有人是為了想要有外遇而結婚的，但人生會發生什麼事情，沒有人能知道。

我並不是在建議各位「男人偷腥也沒關係」。我只是感到疑問說「妳們願意因為對方偷腥，而放棄不跟對方結婚嗎？」「確定這樣不會後悔嗎？」。當然，偷腥是男方所犯下的嚴重錯誤。若是這位男性出現在我面前的話，我也會想要責備他「你怎麼可以背地裡偷腥，讓你最重要的人傷心呢」。不過對於女性我則是希望能夠想開一點「他又不是跟特定女性長年交往，腳踏兩條船對吧？不過是跟別人上床一次，妳又有什麼好哭的呢？」，希望妳能再好好想清楚。

給人好印象的妒忌

請問妳是否有偷看過他的手機呢？回答有的人，請不要再這麼做。因為其中不存在有任何可以讓妳幸福的元素。先不管別的，再怎麼親密的關係也有應該當持的禮貌，偷看他人的隱私只會降低妳的身段。

女性常常會以「一定是因為有見不得人的內容才不敢給人看」「誰叫你裡面有不能讓人看到的內容」為說詞，但這些都只是單方面的藉口而已。如果他偷看妳的手機，妳又做何感想呢？會何大多數的女性，都刻意想從男性的言行舉止中找出偷腥的證據，甚至為此努力不懈呢？「因為想要他只愛自己一個人」「絕不原諒他跟自己以外的女性發生關係」等，其他應該還有說不完的理由。不過就算如此，無時無刻逼問男性「你現在在哪？」「昨天跟誰去喝酒？」「你跟其他人來過這家店？」甚至花盡心思套他們的話，是要叫男性怎麼喘得過氣來呢？這樣子對方逃之夭夭都來不及了，更別說是向妳求婚。

如果妳想成為最後被他選中的女性，那妳所須要的不是去懷疑，而是去相信。比方說他回來的太晚，與其懷疑「你真的工作到這麼晚？」不如跟他說「工作到這麼晚真是辛苦你了」。就男人的習性來看，被人溫柔的關心，反而會讓他們很難背叛妳。

不過如果採取「我完全信任你，請自由行動」而完全不不去關心的話，則男人也會覺得很無趣。在銀座時小姐都會對許久不見的客人說上幾句「該不會是有其他喜歡的人了吧～」「你老婆真是讓人羨慕」等等，這也算是服務之一。輕微的「給人好印象的妒忌」反而會讓男人覺得是「喜歡自己的證明」而感到高興。請務必掌握這個技巧。

讓假想的情敵出現

不管妳再怎麼期望「他能跟我結婚」，如果對方沒有誠意的話，則不可能會實現。在結婚過程中讓妳感到許多不安的男人，在結婚後恐怕也是如此。

很不可思議的，這種俗稱壞男人的類型，確實有著不合乎常理的獨特魅力。身為銀座的女性，我跟數不清的男人接觸過，從這些經驗當中，我多少可以理解被這些壞男人所吸引的心情。可是如果是結婚對象的話，那可就不一樣。我會斬釘截鐵的跟她們說「妳是在浪費自己的時間跟金錢！馬上就跟他分手」。因為這種男人絕對不可能會讓妳幸福。

那麼，撇開這些不適合結婚的壞男人不談，「他是位無可挑剔的男性，只是好像沒有把我當作結婚對象……」「我們都交往好幾年了」，對於擁有這類男友的妳，刺激男性妒嫉心理的作戰，或許可以產生效果。

實際作法是讓假想的情敵出現，來煽動男性的競爭心理。選擇公司交易對象的人物來當作假想的情敵，會是比較聰明的作法。同事或朋友因為關係太過密切，有可能從日常的對話中被他知道「不可能有這種事情發生」。

另外最好要創造出「雖然我完全不想跟你以外的男性交往……」的氣氛。這是讓他感到「她確實喜歡我沒錯，只是如果再慢吞吞的話有可能會被其他人拐走」的秘訣。

「今天有客戶問我有沒有男朋友呢」「客戶公司的常務理事問我要不要跟他們公司的員工相親呢，真是好笑」

聽到這類台詞，不管他表面上裝得再怎麼平靜，內心應該也是無法保持冷靜。

最終警告的王牌

如果拿出假想的情敵他也是照樣感覺遲鈍「完全不會感到妒嫉」的話，那我必須建議妳拿出最終手段，提出分手，發動「把他逼到擂台邊緣」的作戰。當然，這是只有交往經過相當一段歲月之後的情侶才適合使用的手法，另外可別忘了，王牌只能使用一次，不論輸贏遊戲都到此為止，不會再有下次。切記，對於才剛交往不久的男友不能使用這招！這會讓他認為妳是「行為奇特的女性」讓妳被自己的計劃所害慘，請千萬小心。

這個「把他逼到擂台邊緣」的作戰，來得越是唐突效果就越好，不過在計劃時可得小心翼翼，將重點全都拿捏的恰到好處。

執行日最好是在三連休之前（避免影響到對方的工作）。

準備好潛伏地點（恰到好處的距離，可以讓他容易找到妳的地方）

留下許多提示（避免他真的找不到妳）

一切準備就緒，便可展開行動。冷靜的用「我從以前就一直有在想……」開場，然後簡短的告訴他「你似乎並不打算跟我結婚，既然這樣，不如分手吧。謝謝你長久以來這麼的照顧我」然後轉身離開他。不管是再怎麼我行我素的男性，都會對此感到危機感，心中想著「糟糕，這樣不行！」。如果他真的覺得「既然妳這樣想，那我也……」而坦然接受的話，那妳也最好放棄兩人的關係，在此畫下句點。另一方面，如果他真的不想跟妳分手的話，一定會想盡辦法把妳找回來。當然，妳不能真的搞失蹤，不然他想要把妳找回來也沒辦法。這個作戰的真正目的，是在不跟他分手的狀況下，讓他做出求婚的承諾。因此重點在於準備好可以讓他對妳說出「拜託妳重新考慮一下吧」的環境（＝擂台）。「就連分手時也不忘了替對方著想」這樣才是絕頂妙招的真髓。

男性是爭奪第一名的生物

在男女互相訴說愛意的時候，女性通常會說「我只喜歡你」，而男性大多會說「妳是我的最愛」。女性一方所追求的是「他唯一的愛」，相較之下男方則是想要成為「她心中的第一名」。這種精神構造已經是無法改變的遊戲規則，但只要接受「男性天生就是這個樣子」的話，甚至會覺得他們跟小孩子一樣可愛。

將本書讀到這裡的妳，應該已經了解絕頂妙招的基本是「為對方著想的真心」，而這也是讓妳能夠掌握幸福的重點。因此妳誇獎他的說詞必須是「你是我的第一名」。

跟這麼多的男性接觸，每次我總是覺得「在男女關係中，絕對沒有哪一邊好哪一邊壞」。必須要雙方都為對方著想才有辦法建立幸福。

當然，在兩人關係發展的過程中，妳或許也會覺得「哪有辦法無時無刻都說他是第一名啊，妳也來站在我的立場想想嘛」。兩人心情都不好的時候，難免會出現一些磨擦。不過就算如此，我們希望事後還是能回到「我只喜歡妳一個人」「你是我的最愛」的關係。為了形成這種可以修復的關係，平時的溝通將會非常重要。只要妳從平時就有一直跟他說「你是我的第一名」，當他冷靜下來後還是會察覺到「沒有其他女性像她這樣的珍惜我」而選擇妳來當作一生的伴侶。

只要妳有一路好好實踐我所介紹的絕頂妙招，就完全不用因為兩人之間一點點的問題而每次都驚慌失措。像平時一樣的跟他說「沒問題，不管發生什麼事你都是我的第一」，讓他看看妳處變不驚的優雅身段。

心態上不可被男性牽著鼻子走

不可以誤解的是，用「你是我的第一名」來稱讚他，並不代表妳會盲目的遵從他。這點請不要搞混。聰明的你應該已經理解，若是分不清楚這點的話別說是成為讓他求婚的女性，反而會淪為被他玩弄的女性。

妳必須是「俘虜他的存在」，而不是成為「被他玩弄的存在」。我絕不是要妳在面對他的要求時什麼事情都說「好」，對他唯命是從。

為了以防萬一，在此讓我們再來整理一次「徹底誇獎、把他們捧得高高在上、一路依賴他們到底」的重點。妳所必須做的事情有

誇獎他的優點、把他捧得高高在上、依賴他到底。

誇獎他擅長的事情、把他捧得高高在上、依賴他到底。

誇獎他會做的事情、把他捧得高高在上、依賴他到底。

以上這三樣。當然，另外再加上妳所找出來的他的迷人之處也ＯＫ。

不過對於他不會作的事情跟不擅長的事情，這個技巧並不能發揮效果。反而聽在他的耳裡會變成諷刺」嘲笑。

雖然說「戀愛是盲目的」，但不可以為了得到他的求婚而將身心都完全奉獻出去。在結婚的戰國時代中取勝的戰略是為了讓妳可以得到幸福，不是為了貶低妳自己的身段，更不是要讓妳成為他的奴隸。因此必須懂得自己控制其中火力的強弱，另外也要可以客觀的檢討自己。以基本為軸心，加上各種的變化球，依照場合分別扮演淑女跟小惡魔，成為一位聰明的女性吧。

明顯的態度會讓男性怯步

到此為止，我們密集的介紹了銀座女性所使用的各種絕頂妙招。其中成功的秘訣，在於實踐這些技巧的妳必須表現出若無其事的樣子。執行從這本書中所學到的技巧時，如果露骨的表現出「跟我結婚嘛～」或是「我都對你這麼好了，你要負責哦」等態度的話，則一切都將會化為烏有。如果妳現在心中還存有這類想法的話，那就表示「妳似乎還沒能理解到我所講的內容」，讓我深深感到遺憾。

在Part1中我們有提到，想要確實捕捉獵物的話，必須不讓獵物察覺到自己想要抓他的意圖。如果妳全身散發出「我要抓你」的殺氣逼近對方，警覺性較高的男性馬上就會開溜，比較膽小的也會加強警戒，造成反效果。

就生理構造來看，男性跟女性最大的不同，在於不用背負懷孕這個具體性的限制條件，因此本來就比較不容易產生勉強自己去結婚的念頭。除非是對結婚有著強烈憧憬的人，不然一般男性心中應該都是覺得「妳突然跟我講結婚，我也不知道該怎麼回答啊～」。近來，電視媒體一口氣把結婚活動（婚活）拿來大作文章，使得結婚這件事，開始「讓人相當在意」。不然就是覺得已經到了「不開始去注意不行」的階段。

身為銀座女性所得到的經驗讓我認為，男性基本上是「長了一對翅膀的玻璃心」。他們覺得如果可以的話「想永遠維持自由之身，飛往四處各地。為此，身上背負的行囊是越少越好。責任這種沉重的話題聽都不想聽」。因此其纖細的心很容易受到傷害。面對這種對象，露骨表現出想要結婚的態度又能如何呢？輕柔地伸出雙手溫柔的將他圍住，才能讓他因為安穩而停留下來。最後能被他們所選上的，是了解這其中道理的女性。

讓對方以為自己掌握主導權

在這個Ｐａｒｔ一開始我們也有說到，男性最討厭的事情，莫過於被人否定跟被人指使。光是看到擺出「跟我結婚！」「別再慢吞吞的快點求婚啊！」「你是想要我等多久啊！」等高壓性態度的女性接近，他們那極為敏感的警報系統馬上就會鈴聲大作。

接近他們的女性當然不會實際上講出這些話來，但男性所俱備的本能會自動發出「這個女人心底在打什麼算盤？小心注意這個女人！」的訊號。因此女性必須想盡辦法不讓這個警報被啟動。

要辦到這點，我們必須讓對方覺得主動權是握在他們手上。現代女性說不定會覺得「為何不能由女方掌握主導權？」「由女方開口求婚又有什麼關係？」。可是將本書閱讀到這一頁的妳，應該已經了解為什麼必須這樣。

讓男性自以為主導權總是在他手中。

不可由女性主動開口求婚。

這兩點非常的重要。因為求婚並不是由女性開口要求，而是要「想辦法讓他開口」。對於現在的妳來說，要實現這點並不是什麼困難的事情。因為現在的妳已經學會如何從相遇的那一刻到出門約會、首次在床上共渡夜晚，以及接下來越來越親密的過程中，不開口向他要求「結婚」就可以讓他主動產生結婚意願的各種絕頂妙招。

當妳在感到不安或是迷惑時，請將本書重新閱讀一次，讓這些技巧可以確實成為妳的一部分。這樣妳也一定可以在不啟動他的警報系統的狀況下接近到他身旁，並且讓他主動向妳求婚！

提高自己新娘競爭力的36項絕頂檢查表

非常感謝妳將本書閱讀到最後，在此我將送妳一個最後的禮物。我從絕頂妙招之中選出的36個特別關鍵的重點，並整理成下一頁的檢查表。

就算抱持著「我要讓他在三個月內結婚」「我要變成讓他想要結婚的女性」等堅強的信念來實踐計劃，在諸多因素的影響下，有時也不一定能按時完成，或是進行得不順利而失敗。當我們面對這些挫折時，有時會感到迷惘，有時會感到消沉，有時甚至會想要放棄。當妳出現這些感覺的時候，請一邊確認下一頁的檢查表，一邊回顧自己的狀況，有必要的話將本書多讀個幾次，重新拾起對自己的信心，再接再厲。要在這個結婚的戰國時代中取得勝利，必須要有一顆堅定不移的心。我會時時為妳加油，希望妳，以及所有女性都能掌握住幸福的婚姻。

❖外表＆動機

□求婚不能空等，而是要想辦法讓他開口

□在結婚的戰國時代中，要靠戰略取勝

□成為他心中第一名的支持者

□不要想去改變對方，而是改變自己

□徹底研究對方，好抓住他的心

□磨練自我推薦的能力

□男人的心最容易被落差所勾動

□模仿會讓人想要結婚的外表

□煩惱只是浪費時間，一決定就馬上行動

□要有適合結婚的金錢觀

□要掌握男人的心，關鍵是抓住兩個袋子

□讓他以為自己有主導權

❖措詞&動作

□對話從「Yes」開始

□封印所有負面性言詞，絕對不說人壞話

□用幽默將自己的缺點吹走

□善用「好厲害～」「人家第一次」「謝謝！」這三句話

□不知道的話就說「請告訴我」，知道的話也說「請告訴我」

□徹底誇獎男性，把他們捧得高高在上，一路依賴他們到底

□把女性朋友當作最強的勁敵

□大原則是有女人味的說話方式

□用問候的簡訊來抓住他的心

□用眼神跟指尖攻佔男人的心

□透過隱藏來勾引

□懂得怎麼向他撒嬌

❖最後被選上的女性的床上技巧

□不論何時何地，別忘了羞澀跟生疏感
□可以銜接到婚姻的性愛
□用性愛＋α的樂趣來虜獲他的心
□過去男人的數量是最高機密
□在床上不要比他先行動
□徹底成為他心目中「只屬於自己的女人」
□性愛也要用真心來為對方著想
□用「你是唯一一個」來將求婚拉近
□用溫柔包圍般的性愛來撫慰他
□用撩人的姿勢以視覺腦殺對方
□分別扮演淑女跟娼婦
□不可作賤自己

TITLE

銀座媽媽桑教的，男人就是吃這套！

STAFF

出版	三悅文化圖書事業有限公司
作者	田辺まりこ
譯者	高詹燦＋黃正由
總編輯	郭湘齡
責任編輯	黃雅琳
文字編輯	王瓊苹　林修敏
美術編輯	李宜靜
排版	執筆者設計工作室
製版	明宏彩色照相製版股份有限公司
印刷	紘億彩色印刷股份有限公司
法律顧問	經兆國際法律事務所　黃沛聲律師
代理發行	瑞昇文化事業股份有限公司
地址	新北市中和區景平路464巷2弄1-4號
電話	(02)2945-3191
傳真	(02)2945-3190
網址	www.rising-books.com.tw
e-Mail	resing@ms34.hinet.net
劃撥帳號	19598343
戶名	瑞昇文化事業股份有限公司
本版日期	2018年10月
定價	250元

ORIGINAL JAPANESE EDITION STAFF

カバーイラスト	北沢バンビ
本文イラスト	北沢バンビ 太田康士（Hitricco Graphic Service）
カバーデザイン	太田康士（Hitricco Graphic Service）
本文デザイン	太田康士（Hitricco Graphic Service） 柏原正一（ぶんか社）

國家圖書館出版品預行編目資料

銀座媽媽桑教的，男人就是吃這套！/
田辺まりこ作；高詹燦、黃正由譯.
-- 初版.-- 新北市：三悅文化圖書，2011.12
200面；14.8X21公分

ISBN 978-986-6180-81-1 (平裝)

1. 戀愛　2. 兩性關係

544.37　　100026158

3KAGETSU DE PROPOSE SASERU GINZA MAMA NO GOKUJO TECHNIQUE
by Mariko Tanabe

Original Japanese edition published by Bunkasha Publishing Co., Ltd.

This Traditional Chinese edition published by arrangement with
Bunkasha Publishing Co., Ltd., Tokyo in care of Tuttle-Mori Agency, Inc., Tokyo
through Keio Cultural Enterprise Co., Ltd., New Taipei City